后浪出版公司

顶级运动教练写给每个人的身体改造计划

核心基础运动

脊骨神经医师
（美）埃里克·古德曼
Dr. Eric Goodman

世界顶尖运动员的体适能教练
彼得·帕克 —— 著
Peter Park

阎惠群 —— 译

北京联合出版公司
Beijing United Publishing Co.,Ltd.

前言
核心基础运动，一切肢体活动的根本

脊骨神经医师埃里克·古德曼（Dr. Eric Goodman）和世界顶尖运动员的体适能教练彼得·帕克（Peter Park）开发出一种新的方法，不但能改善背痛，还有其他更惊人的效果。

如果你已经有背痛的症状，多半会想用吃药或是传统的复健方法获得舒缓，但吃止痛药通常只能缓解一段时间，一旦药效过了或是停止服用，背痛就又会找上门；而物理治疗和按摩的功效，通常也只能维持一阵子。

图 A　作者合影：左为埃里克·古德曼，右为彼得·帕克

为什么就是无法摆脱疼痛呢？原因就在于上述那些方法都只治标不治本。唯有直捣疼痛的源头才能一劳永逸，让你行动自如，充满信心和力量。

相信大家早就了解，现代人久坐少动的生活形态以及不良的运动方式和姿势会对我们的脊椎（尤其是腰椎）和背部肌肉施加过多的压力。幸好埃里克和彼得开发出这一套新的运动方案，它重新定义了身体的核心，把锻炼重点从腹部转移到背部较大的肌肉群，居然一下子解决了长期存在的问题。

核心基础运动是一个简单但独创的概念，它能够强化身体后方肌肉群（posterior chain，其中包括背部、臀部以及大腿后侧的肌肉群），由它们担负起支撑上半身的任务，并推动身体做任何动作。

埃里克和彼得推出的这套运动计划，目标是导正可能伤害身体的错误动作方式，并打造强而有力的身体后方肌肉群。这套训练计划已在数百名学员身上呈现出惊人的效果，令他们脱胎换骨，在本书中您也能看到学员们分享的成功案例。

很荣幸有机会将这套运动方法分享给大家，让那些饱受背痛折磨且行动受限的人了解，只要每周安排三天，每次花20～40分钟练习这套运动，就可看到训练的效果。由于训练效果十分惊人，学员们毫不迟疑地加入到了两位作者所推广的无毒无痛生活方式中，而核心基础运动也不辜负他们的期待，将大家带到体能的巅峰，我们相信本书也将带领各位读者获得相同的效果。

当埃里克和彼得开始构思撰写这本书时，仔细研究了市面上的各种教材，结果发现很多健身书废话连篇，充斥着大量无关的信息，因此我们的目标是清楚呈现三套强度渐增的健身招式。

许多人的目标是终结背痛，我们希望能直接带领各位达到目标，同时希望看到大家把时间用来运动，并运用你辛苦运动所获得的新能量，度过充实美好的人生。

通过核心基础运动，可以锻炼出结实的肌肉，而充满力量与耐力的肌肉，则可以带领你前往任何你想去的地方。只要学会以正确的方式做动作，身体就能不受限制地从事任何你想做的事，远离疼痛的人生会使你的能量大增且充满信心。

所以，赶快以正确的运动方式动起来吧，看看你的身体状态能够变得有多棒！

目　录

前言　核心基础运动，一切肢体活动的根本　1

第1章　顶尖运动员为何都在练？　002
1.1　上班族、妈妈、球星、冲浪冠军都需要　004
1.2　运动为何反而有害健康？　006
1.3　职业运动员都在练，怎么运动也不受伤　008
1.4　你的身体缺乏这套正确动作　010

第2章　为何运动会频频受伤？　014
2.1　平坦腹部没那么重要　016
2.2　为什么我们决定重新定义身体核心？　017
2.3　久坐不动——背部紧绷　019
2.4　用臀部运动，而非脊椎！　021
2.5　简单的膝盖微弯就能运动到对的肌肉　024

第3章　人人都会有背部问题，因为你做动作都靠腰　028
3.1　身体正在对你说的话　030
3.2　上半身的重量不能放在腰上　032
3.3　人老是不经意伤害脊椎　033
3.4　这些背部问题，你一定有一两个　037
　　　痉挛、肌肉受伤或缺氧　037

椎间盘问题——慢性背痛的根源 038
　　　椎间盘退化从二十多岁就开始了 042
　　　退化性关节炎会加重肌肉损伤 043
　　　椎管狭窄症会导致四肢无力 043
　　　椎弓解离症与脊椎滑脱症 044
　　　怀孕与背痛的原因 045
　3.5 各种不当动作模式只有一种结果 046

第4章 哪些肌肉你用得太多、动得太少？ 048

　4.1 良好动作的基础在臀部 050
　4.2 稳定脊椎，使身体更有力 052
　　　短小的多裂肌——你不知道它有多重要 053
　　　竖脊肌——良好姿势的关键 053
　　　腰方肌——现代人过度使用 054
　　　髂腰肌愈紧，脊椎愈无力 056
　4.3 臀肌，双足站立的支撑 058
　　　臀大肌——最强壮的肌肉 058
　　　臀中肌与臀小肌——稳定臀部 059
　4.4 大腿肌群——与臀肌共同合作 059
　4.5 更强壮有力，不再痛的正确运动法 060

第5章 练习5大基本招式，轻松完成所有运动 062

　5.1 找出身体最紧绷的地方 065
　5.2 复原身体最健康的力量 066
　5.3 基本第1式：基础式 067
　　　基础式8大步骤图解 068
　5.4 基本第2式：背部伸展式 073
　　　背部伸展式4大步骤图解 074

5.5 基本第3式：内收肌辅助的背部伸展式 **077**
      内收肌辅助的背部伸展式两大步骤图解 **078**

5.6 基本第4式：跪姿基础式 **080**
      跪姿基础式6大步骤图解 **081**

5.7 基本第5式：弓箭步伸展式 **085**
      弓箭步伸展式3大步骤图解 **086**

5.8 两周启动正确肌肉群 **089**

第6章 进阶7招式，体能更上层楼！ **090**

6.1 感觉肌肉正在伸展并做动作 **092**

6.2 进阶第1式：基础式 **093**

6.3 进阶第2式：深蹲式 **094**
      深蹲式5大步骤图解 **095**

6.4 进阶第3式：啄木鸟式 **099**
      啄木鸟式5大步骤图解 **100**

6.5 进阶第4式：背部伸展式 **104**

6.6 进阶第5式：内收肌辅助的背部伸展式 **105**

6.7 进阶第6式：跪姿基础式 **106**

6.8 进阶第7式：弓箭步伸展式 **107**

第7章 加强版10招，疼痛不复发、动作更完美！ **108**

7.1 带着力量去做各式各样的体能活动 **110**

7.2 加强第1式：基础式 **112**

7.3 加强第2式：深蹲式 **113**

7.4 加强第3式：早安式 **114**
      早安式4大步骤图解 **115**

7.5 加强第4式：风车式 **118**
      风车式4大步骤图解 **119**

7.6 加强第 5 式：啄木鸟式 122

7.7 加强第 6 式：背部伸展式 123

7.8 加强第 7 式：变化版撑体式 124

　　变化版撑体式 3 大步骤图解 125

7.9 加强第 8 式：内收肌辅助的背部伸展式 128

7.10 加强第 9 式：跪姿基础式 129

7.11 加强第 10 式：弓箭步伸展式 130

第 8 章　臀部伸展二动作，找回柔软与灵活 132

8.1 测验你的臀肌和关节到底有多硬 134

8.2 健臀第 1 式：正面跨腿转体式 136

　　正面跨腿转体式 6 大步骤图解 137

8.3 健臀第 2 式：背面跨腿转体式 141

　　背面跨腿转体式 4 大步骤图解 142

第 9 章　运动后修复、提升体能，让家用"按摩师"来帮你 146

9.1 你一定挤得出时间做喜欢的运动 148

9.2 身体没有适当休息，就不会进步 151

9.3 在家就能用的"按摩师"——泡棉滚筒 152

9.4 小腿滚筒按摩法 155

9.5 大腿后侧肌群滚筒按摩法 156

9.6 大腿内收肌滚筒按摩法 157

9.7 髂胫束滚筒按摩法 158

9.8 臀肌滚筒按摩法 159

9.9 股四头肌滚筒按摩法 160

9.10 髋屈肌滚筒按摩法 161

9.11 阔背肌滚筒按摩法 162

9.12 胸肌滚筒按摩法 163

9.13 上背部滚筒按摩法　164

9.14 下背部滚筒按摩法　165

9.15 利用网球也能消除气结　166

  按摩足弓　166

  按摩脚趾　167

第10章　打造无毒无痛的饮食与健康生活守则　168

10.1 别让不良习惯上门讨债　170

10.2 腰酸背痛——原因在于压力　171

10.3 新陈代谢的高低跟疼痛有关吗？　173

10.4 别把食物当做奖品　175

10.5 请按下停止进食键　176

10.6 别吃得比航天员差　178

10.7 只做到九成，就够了！　179

10.8 全食物的饮食清单　181

10.9 愈晚吃愈少　183

10.10 一次只改变一件小事　184

10.11 感觉有点饿，来杯水！　187

10.12 我们的三餐洁净饮食计划　187

  提高一整天新陈代谢的早餐　187

  维持体力的点心选择　188

  这样吃午餐，下午精力充沛　188

  振奋精神的下午茶　188

  晚餐别吃淀粉类　189

  睡前的助眠点心　189

  这样喝饮料才对　189

第 11 章　化身超强燃脂机，运动高手教你这样练　192

　　11.1　运动不是拼命，正确健身你得懂　194

　　11.2　30 岁后停止肌肉流失，得靠阻力训练　196

　　11.3　让身体变成燃烧卡路里的机器　198

　　11.4　这些运动，让你变身火力超强燃脂机　200

　　　　如何利用椭圆训练机？　201

　　　　如何利用健身脚踏车？　203

　　　　如何利用跑步机？　204

　　　　如何利用划船机？　206

　　11.5　变换才是王道　207

后记　正确运动改变人生　209

出版后记　改变你一生的神奇运动　211

成功案例

NBA 球星创造自己的体能高峰
2010 年 NBA 总冠军、前洛杉矶湖人队控球后卫德里克·费舍尔　006

打造奥运最佳运动员的体能奇迹
美国奥运水球代表队队长托尼·阿泽维多　008

现代身体修复奇迹
学员家属谢丽尔·多斯基　017

运动伤害之后,重新动起来
美国自行车协会认证二级专业教练布拉德·西曼　019

摆脱背痛的好莱坞巨星
著名演员马修·麦康纳　024

50 岁才开始练,登上美国本土最高峰
业余运动员简·希尔　027

终结反复受伤的噩梦
Intelliskin 健身服装公司创办人兼创意总监蒂姆·布朗　034

对任何动作都能充满信心
电影演员杰夫·布里奇斯　038

核心基础运动,几星期就能复原
见证学员亚历克斯·多尔蒂　040

第10次获得世界冲浪冠军,全靠核心基础运动
世界冲浪冠军凯利·斯莱特 043

带着力量重返球场
NBA前克里夫兰骑士队球员卢克·沃尔顿 047

身体不再僵硬、爆发力十足
职业网球选手亚历山德拉·史蒂文森 055

打造最健康、最厉害的状态
电影演员罗伯·洛 066

重伤后仍能东山再起
职业自行车选手卢卡斯·尤瑟 111

核心基础运动,一切运动的开始
职业自行车选手吉姆·托马斯 135

将不可能化为可能的魔法运动
商界人士奥拉夫·盖朗-埃梅斯 150

一辈子都要做的运动
知名运动经纪公司沃森曼媒体集团董事长兼执行总裁凯西·沃森曼 195

健康运动小贴士

身体的蜘蛛网理论　018
保持身体良好姿势的小秘诀　021
伸展动作，你做对了吗？　025
不可轻视的病症　031
这些运动的好处，你知道吗？　149
顶尖运动员的身体修复法　152
还是没法戒烟吗？　171
消除背痛的营养补充品　172
天然的舒压剂——茶氨酸　173
睡好才能恢复元气　174
饮食日志：仔细记录你吃下的食物　176
测试你有没有麸质过敏症　179
如何延长你的饱足感？　180
不会让身体发炎的好食物　184
健康的饮食能助眠　185
点心是必需品，重点是怎么选？　186
健康饮食10大原则　190
高效能阻力训练的小秘诀　196
计算你的安全心跳区间　198
变换运动效益高　208

第1章
顶尖运动员为何都在练?

埃里克和彼得决定合作时,就很清楚要帮助多数人解决一个常见却很难回答的问题:"怎样才能解决我的背痛?"

我们的答案是核心基础运动，它是近年来运动领域中一个最新的概念。因为与以往的运动截然不同，所以我们无法预期它会产生什么结果，幸好事实证明这套简单的健身计划的效果远比想象的好很多。学员复原的速度与幅度都令我们大吃一惊。根据我们亲眼所见的效果，可以信心满满地宣称：核心基础运动能让大家挥别疼痛，登上人生高峰。

1.1 上班族、妈妈、球星、冲浪冠军都需要

所有受训学员的生活都因为这套运动而急遽改善，这令我们信心大增，因为他们之前多半都尝试过各式各样纾解疼痛的方法，然而却未见成效，但在接触核心基础运动短短两周后，感觉就不一样了。

许多学员过去长期仰赖医生开的或是药房买的止痛药，而且一天要吃上好几次，但他们接受核心基础运动后，便开心地扔掉了那些瓶瓶罐罐。至于那些不想动手术或是虽然动了手术但仍未解决背痛问题的人，也很满意核心基础运动的效果，他们甚至认为它比极端的医疗措施更胜一筹。

利用核心基础运动锻炼成功的案例比比皆是，对象不仅有 NBA 球星与世界冲浪冠军等职业运动员，也包括一般人，我们在他们身上看到显著的改变，例如：

- 一名五十多岁的学员，在两年内动了两次手术，却还是为背痛所苦，他几乎快想不起从前自在的生活了。但接受核心基础运动才短短两个月，他的疼痛就几乎完全消失了，像从前那般生龙活虎。
- 一名育有两个孩子的妈妈，因为椎间盘突出动了手术，做了好几个月的复健却未见改善，但是才进行了短短几周的核心基础运动，就有

了很大的进步。由于进步实在太过神速，她还呼朋引伴参加一对一训练课程。

- 勇夺 2010 年 NBA 总冠军的前洛杉矶湖人队控球后卫德里克·费舍尔（Derek Fisher）驰骋球场 13 年的代价却是一身的病痛，但在进行核心基础运动后，他感觉现在的身体状况甚至比刚进 NBA 时还棒。
- 职业冲浪选手凯利·斯莱特（Kelly Slater）靠核心基础运动摆脱疼痛的干扰，并发挥出强大的力量，勇夺个人第十座世界冠军奖杯。
- 某知名金融业巨子，先后动过膝盖、背部与颈部手术，每天服用两次强效止痛药，苦撑了两年半。但在接受核心基础运动八个月后，他现在每天可以健行两小时，还能跟孩子一起玩冲浪板，而且完全不必再吞服止痛药了。

这套独创的运动效果极佳，每个人在做完后都能感觉到身体变得更强壮、更健康，而且感觉舒服自在，这是他们原本想都不敢想的生活。核心基础运动提升了生活质量，是治愈疼痛与提升活力的最佳工具。

我们完全不打广告，也不主动争取在媒体面前曝光，但学员人数还是不断增长，而且很多是来自演艺圈、体坛及商界的重量级人物，这些全靠学员们的口碑推荐。他们之前花了很长的时间想要治愈疼痛却未能如愿，如今美梦成真，大家都兴高采烈地把这一好消息告诉亲友们。

更棒的是，我们终于有机会写这本书，将核心基础运动推广给全世界饱受背痛折磨的人，让即使不住在美国南加州的人也有机会学习这套运动。

实际上，八成以上的美国人与欧洲人，都难以避免背痛折磨。在美国，背痛是极常见的就医原因，仅次于上呼吸道感染（编者按：上呼吸道感染包括普通感冒、流行性感冒、扁桃腺炎及喉炎等）。美国人一年花在背痛上的医疗费用总额超过 500 亿美元，但我们可以一起努力扭转这样的局面。

核心基础运动的设计重点在于强化下背部与身体后方的肌肉群，通

NBA 球星创造自己的体能高峰

2010 年 NBA 总冠军、前洛杉矶湖人队控球后卫德里克·费舍尔（Derek Fisher，现为纽约尼克斯队主教练）

为了让自己一直保持在最佳的体适能状态，我一直在寻找全世界最棒的体适能（包括速度、敏捷度、柔软度、爆发力、肌力及耐力等）训练计划，而且我对自己的体适能状况颇感自豪。

没想到，当我跟彼得·帕克和埃里克·古德曼两位教练合作后，我的耐力、精力和爆发力竟又达到了新的境界。他们设计的健身计划不仅不会让我筋疲力尽，反而能让我的体能更上一层楼，完全改变了我的身体的动作和感觉。

过导正核心肌群的失衡与衰弱无力，减轻背部疼痛，并锻炼身体获得最大的爆发力、灵活度与肌肉耐力。

核心基础运动重新定义了身体的核心，把焦点从腹部与身体的正面转移到背部与身体后方肌肉群。

在开始详细解释核心基础运动能对身体产生什么样的作用前，要先告诉各位，我们是如何产生这份全新的体悟的。

1.2 运动为何反而有害健康？

核心基础运动可以说是起源于埃里克的个人经验，他是名优秀的运动员，年仅 18 岁就开始担任个人体能教练，完整地学习过整脊疗法，但是，他却患有背痛的毛病。

从小就是运动员的他，完全不知道自己做动作的方式其实是错的，因而对身体造成了长久的伤害。19 岁时，他的背部开始痉挛，只要坐上两三个小时再起身，就会感到疼痛不堪，得费好大的力气才能站直身体。

在他上大学时，背痛发作的频率一年比一年频繁，最后终于演变成了一个大问题。念大四的某一天，他骑完好长一段距离的自行车，正打算开始念书，身体忽然产生莫名的剧烈疼痛。他想要站起来，右腿却使不出力，一股剧痛侵袭了他的脊椎，并且向下延伸到右大腿。他痛得摔倒在地上，完全不知道发生了什么事。

他怎么也想不通，之前从事的运动和练习，明明都是对身体有利的，但现在他却摔倒在地上，而且只要动一下就痛得要命。

照过 X 光后才发现，他有椎间盘脱水、第四与第五节腰椎的椎间盘退化以及荐椎退化的毛病。他的椎间盘因为长期受到压迫所以严重退化，最后两节腰椎甚至已经错位而交叠在一起。从 X 光片中看起来，还不到 20 岁的他，脊椎就已经老化磨损，而与脊椎下部相连的肌肉因为长期无法放松，导致他做动作时也受到不少限制。

等到埃里克进入脊骨神经医学院就读时，疼痛问题非但没有解决，甚至还因为没有获得较好的治疗而恶化。他尝试了各种方法想要解决背痛问题，但疗效往往只能维持较短时间，无法彻底摆脱疼痛。接下来的三年内，他几乎每天都饱受背痛之苦，他清楚地体会到疼痛会严重影响一个人的日常生活。

埃里克发现现行复健方案所设定的基准线与平稳期标准过低，一般有背痛症状的人，不论采用哪一种疗法，九成的人会在两个月内好转，但之后仍旧会复发。埃里克在治疗自己背痛的过程中，了解到传统的复健运动与治疗方法对于病情的改善有上限，通常无法完全令人满意，而且效果多半仅能维持较短时间。

不论是基本的复健方案还是医学博士级的训练显然都对埃里克的病情没有太大的帮助，而且他相信这些东西对其他人应该也都没用。他发现大多数的复健都只是在矫正不正确的身体动作，因此要根除疼痛，必须彻底改变我们的动作模式。

过去他曾尝试过的所有治疗与矫正方法都只能小幅度地改变动作机制，而不能从根本上彻底改变受伤的腰背部，因此做再多的复健也只会

打造奥运最佳运动员的体能奇迹

美国水球代表队队长托尼·阿泽维多
（Tony Azevedo，三次参加奥运会，并荣获2004年全球最佳运动员）

让我们赢得2008年北京奥运会水球项目银牌的重要推手——十个月的核心基础运动，虽然我们参赛时的世界排名仅为第九位，但比赛期间却一直被视为最强的参赛队。

不断重复伤害他的背部。他更因此体悟到：之所以会有这么多人饱受背部、臀部以及膝盖疼痛之苦（统计数字高得惊人），正是因为我们用不正确的方式使身体负重。

埃里克一直对东方医学和哲学深感兴趣，所以他学习瑜伽使身体保持弹性并控制疼痛，还研究了普拉提——一种把锻炼焦点放在腹部与下背部深层肌肉的运动，以修正他的重量训练。为了加强锻炼位于脊椎深层的支撑肌肉群，他微幅调整了瑜伽动作，把锻炼的重点集中在背部，也就是身体背面包括颈部、背部、臀部、大腿后侧及脚踝的肌肉群，希望以不同的方式伸展身体并施加肌肉压力。

核心基础运动便是埃里克为了改变训练重点而设计出的独创健身计划，它的基本原理是：由髋关节带动脊椎及身体后方肌肉群，完成人体一切动作。

1.3　职业运动员都在练，怎么运动也不受伤

自从埃里克亲身试验了这套新的动作，他的背部便开始变得更强壮，而且在短时间内摆脱了纠缠四年的疼痛。于是，他指导亲友与几名疼痛患者开始练习这套全新的运动，同时受邀协助特里·施罗德医师（Dr.

Terry Schroeder），担任美国水球代表队的脊椎指压治疗师与重量训练教练。

他发现选手们因为重量训练而受伤，便将自己正在做的新运动传授给队员们，以改变他们在进行深蹲和仰卧起坐等标准动作时的方式，要他们把重心放在身体的背面而非正面。

他与预备参加2008年北京奥运会的美国代表队合作有将近一年的时间，队员们在数个月的集训中被操练得很惨，却完全没有人受伤，因此，他们都对新的运动方式赞不绝口。

他们的身体没有出现任何状况，全队表现超出预期并勇夺银牌，在奥运史上创下了又一个成功案例。之后埃里克仍不断改良这套运动，希望它能尽善尽美。

他在2009年1月搬到美国加利福尼亚州圣巴巴拉后，拜会了当地的健身社团，认识了一位在健身界享有盛誉的名人彼得·帕克。

彼得也是一位优秀的运动员，更是极具影响力的健身教练，他曾担任兰斯·阿姆斯特朗（Lance Armstrong，公路自行车赛职业车手）的重训（重量训练的简称）教练长达十多年。埃里克写了封电子邮件给彼得，当中提到核心基础运动的成功案例，引起彼得对此运动的兴趣。尽管彼得在这一行资历丰富，也未曾听过像核心基础运动这样的概念。

两人见面后互相交换彼此的训练哲学，发现两人的理念可以形成完美的互补。埃里克特地到彼得的健身房展示他的新方法，恰逢当时彼得正因自己的长期背痛而苦恼，而且他也跟之前的埃里克一样，一直都找寻不到正确的解决方案。两人决定一起训练一段时间。

事实上，彼得的身体并没有真的受伤，但因为每天至少要训练五个小时，关节要承受很大的压力，因此长期下来，他的错误的动作模式以及关节反复承受的压力导致肌肉失衡，他的疼痛其实是身体对他发出的警告："你的身体有些不对劲，你得做些改变才行。"

两人先从基本的训练开始做起，彼得对于自己在短短一两周内的运动成效感到十分惊讶，感觉身体变得不一样了：比以前更强壮、更有力，骑自行车时背竟然不痛了，而且之后也再没痛过。

彼得可以说是接受过顶级训练的运动员，但核心基础运动从根本上改变了他的动作模式，同时让他明白了过去那么多年来一直遵从的运动模式根本对自己无益。

经过核心基础运动的矫正，彼得发现他的背部与膝盖的受伤状况明显好转，肩膀的活动范围也大幅增加。经过几个月的训练，他感觉自己仿佛脱胎换骨般变了一个人。

经过这次的测试，埃里克和彼得明白核心基础运动可以真正帮助到别人，于是决定一起努力把这套运动修改到尽善尽美。他们的目标是能够帮助到每个人，不论哪个等级的健身人士都能通过这套运动免受疼痛干扰并提升运动功效。

埃里克的工作重点在于教授基本的动作模式以及打造更为精进的体能；彼得则是与学员合作，强化体能并规范动作模式，将学员带到体能的巅峰状态。核心基础运动不只能减轻疼痛，还能带领大家享受无毒无痛的生活，使人人拥有能够心想事成的工具。

1.4 你的身体缺乏这套正确动作

之所以把这套运动称为核心基础运动，是因为学习这些动作可为你打下扎实的基础，并且可以延伸应用到任何体能或竞技活动上。唯有建立稳固的基础才能安全又有效地开展运动。只要身体能够做出正确的动作，做任何事情都会变得易如反掌。

各位可以把核心基础运动当做基本核心，向外延伸到你感兴趣的任何一项体能活动，如瑜伽、普拉提、举重、网球、高尔夫球、P90X（结合运动、瑜伽与武术的美国热门健身运动）等。

只要两周，你就能看到自己的动作方式产生了什么样的具体变化。我们之所以如此信心满满，是因为我们看到核心基础运动在无数人身上发挥了功效，例如：

- 一群 13～15 岁的青少年运动选手，他们的父母试遍所有的方法想要解决孩子背痛的问题，却始终未见成效，最后靠着核心基础运动，终于让这群孩子得以继续追寻他们的理想；
- 核心基础运动也曾帮助过许多四五十岁，甚至六十多岁动过手术的人，让他们重回行动自如以及积极活跃的人生；
- 它还帮助许多学员，让他们不用动手术就夺回了掌控疼痛的主导权，这都是他们努力强化背部肌肉后获得的好处。

彼得甚至还有两位 90 岁高龄的学员，他们因练习核心基础运动而仍然驰骋在网球场上，继续从事着他们这辈子一直在做的事情。

希望此书可以传达我们的理念，让所有需要核心基础运动的人都有机会学习，尤其是那些被疼痛长期折磨得快要发狂的人。

在美国，背痛是数百万人生活中令人讨厌的障碍物，它不仅影响到人们的健康，也妨碍人们快乐地享受生活。许多人因为受不了挥之不去的疼痛而向我们求助，当他们学会核心基础运动的简单动作后，不只背部感觉舒服多了，也对未来的人生有了不同的想法。以前他们受困于疼痛，许多事不能做，但今后可以无忧无虑地跟伴侣和孩子共享天伦之乐了。我们不断看到这样成功的案例，由衷地希望每个人都能实践这套独创的背痛解决方案，借此改变各位的身体与人生。

本书其实就像一本人体使用手册，教大家如何正确使用你的背部乃至全身。我们希望大家了解，你所做的每一个动作，背部都扮演着核心角色。一周只要抽出三天时间练习，就可以大幅度减轻疼痛，并学会掌控自己的健康。

这套运动包含三个难度渐增的课程，可在六周内逐步完成。每一套课程都针对不同程度的背痛与复健，安排适当难度的动作。这些课程包括应付急性背痛的基本课程、对付长期背痛的进阶课程以及用来强健身体的高阶课程。

当你每两周做完一套课程，并在六周后如期完成全部三种课程时，你会感觉到不仅疼痛减轻了,而且不管做什么都比以前更得心应手了。另外,这套运动还教大家进行有助于提升身体弹性的动作,有效消除臀部、骨盆和大腿的紧绷与疼痛——这些现代人久坐不动的生活形态所导致的常见症状。

每天都有新学员因为核心基础运动而取得成效的案例,他们的见证就是这套新运动方法的最佳证明。截至目前,只要接受过核心基础运动的人,他们的疼痛都能获得减轻或改善。我们也希望你成为其中一员,早日管理你的疼痛,让自己更健康。

请大家赶紧抽出时间做做这套不需要运动器材的简单课程,看看自己会有什么明显改变。要知道这套运动到底行不行,试了才知道!一周三次,不管何时何地马上就可以开始,别再犹豫了,今天就开始行动吧!

第 2 章
为何运动会频频受伤？

腹部是你的身体核心的概念已经过时了，平坦腹部或是人人想要的六块腹肌或许看起来美观，但它们跟身体动作的稳定度关系并不大。

其实，多数人的脊椎可能都已经退化，但只有一部分人会出现症状，发生痉挛与背痛。如果不是周边神经发炎，一般人根本不会察觉到自己的椎间盘已经突出与退化。我相信大家应该明白我在说什么，因为你或是你的亲朋好友中，有人曾遭遇过这样的状况：某天背部突然"死机"，并出现锥心刺骨般的剧烈疼痛，不得不立刻就医。

第一次听到医生宣布你有椎间盘突出的毛病时，你或许会以为自己做了什么事受伤了才会这样，但其实你的椎间盘退化可能已经好几年了。椎间盘退化是由于脊椎反复受到不当的机械性压力造成的。多数人在做动作时，例如前弯、侧弯或走路时，使用的肌肉都不正确，结果就会导致关节和脊椎退化。

突发的急性疼痛经过传统治疗后会消失一段时间，但如果动作模式没有得到更正，受伤处就不可能痊愈，而是一直呈现轻度发炎的状态。虽然这种慢性疼痛只是隐隐约约的，却足以防碍和限制你的日常生活。

2.1 平坦腹部没那么重要

核心基础运动并非用来治疗受伤的复健运动，而是要教导你的身体，以更有效能、更有力量且更平衡的方式做动作，这样身体才不会因为机械性失衡或是肌肉无力而受伤。

传统的医学复健和体能训练都只将重点放在问题的表征，而吃止痛药就跟用创可贴覆盖伤口一样：你只想快快止住疼痛，却不打算找出造成疼痛的原因。就像注射皮质醇（多用于治疗过敏和发炎）或许可以舒缓网球肘（肱骨外上髁炎）的疼痛达几个月，但之后肯定会复发，因为你并未解决引发这个毛病的根源。

现代身体修复奇迹

学员家属谢丽尔·多斯基（Cheryl Trosky）

我先生在几年前开始接受核心基础运动，当时他的背痛几乎让他动弹不得，所以情绪非常低落。这不只影响到他自己，也波及身边的人。背痛严重影响到我们的家庭生活。

他的背痛持续了两年多，害他连一些简单的动作都做不了。疼痛让他非常痛苦，日子一天天过去，他能做的动作愈来愈少，心情也愈发消沉。而且他经常因为疼痛无法参与我们早就计划好的活动，家里气氛十分凝重。

之后我们搬到圣巴巴拉，就在这时他开始接触核心基础运动，之后没多久，他终于展露笑颜，不再狂吞止痛药，最后甚至连药都不必吃了。我们又可以手牵手到海边散步，更令我惊讶的是，不久后他居然复原到可以爬山。两个孩子（分别才9岁和14岁）好高兴爸爸又能陪着他们一起成长。

长期笼罩在家里的乌云终于散去，核心基础运动带给我们一个现代的奇迹，我先生现在身体非常健康，再也没有疼痛的困扰了。

不过，我们发现只要改掉不正确的动作方式，疼痛就会消失，所以我们决定通过核心基础运动，矫正会令你受伤的不良动作模式，并强化使背部保持稳定的肌肉群。

2.2 为什么我们决定重新定义身体核心？

因为把腹部当做身体核心的看法已经过时了，从前不管遇到什么问题，传统方法总是教我们："做仰卧起坐就对了。"平坦腹部或是人人想要的六块腹肌或许看起来美观，但它们跟身体动作的稳定度关系并不大。过去,专家认为强化腹部可以帮助脊椎分担部分压力,但其实把训练重点放在腹部,反倒会造成协助脊椎执行动作与保持稳定的背部肌肉变弱。

人体的肌肉群是以平衡的方式在运作,当一组肌肉群用力时,其他肌肉群就会放松。所以当身体前弯时,后背肌群会拉长、腹部肌群会收缩;身体后仰或侧弯时,后背肌群会收缩,而髋部与腹部肌群则会拉长。为了使脊椎骨保持良好的排列,下背部的肌肉会持续用力。腹部肌肉收缩会对下背部肌肉施加额外的压力。当下背部肌肉疲劳或受到过度压迫时,就会引发背痛。

核心基础运动有别于传统的核心训练,它认为背部的重要性应高于腹部,把训练重点转移到背部与身体后方肌肉群。这些负责支撑脊椎的深层肌肉群——臀部、髋部、大腿后侧肌肉群以及背部和脊椎附近的肌肉群会影响我们做的每一个动作,并且生来注定要比其他部位更受力。所以,做一个锻炼身体正面的运动,就至少要做四个锻炼身体背面的运动,如此才能让身体背部肌肉群支持你做出强而有力且完全无痛的动作。

身体的蜘蛛网理论

当一股力量施加在身体的核心上时,整个身体都会有感觉,就像有东西碰触到蜘蛛网上的任何一根线,蜘蛛网上的其他每一根线都会产生反应。

我们在做动作时,虽然身体其他部位感受到的力量,不像原本的使力点那么有力或集中,但的确能够感受到力量。所以强化身体真正的核心,也就是身体后方肌肉群,就能够对周围组织(包括四肢)的动作产生明确的影响。

运动伤害之后,重新动起来

美国自行车协会认证二级专业教练
布拉德·西曼(Brad Seaman)

几年前我的脑部受伤,造成身体左半边的神经缺损,身体变得无力且不听使唤。神经受伤加上肌肉无力使我的左腿功能大失,不但不能跑步,就连走路也是一瘸一拐,十分吃力。

之后,我跟随物理治疗师、神经科医师、整脊师以及训练员进行了复健,但18个月后仍未达到预期效果,健康状况依然原地不动。我开始失去信心,认为神经缺损可能永远无法复原,以后恐怕再也没办法像从前那样正常走路或跑跳了。

我很沮丧,这时有个朋友推荐我去找埃里克试试。跟着他才训练了7周,就比过去18个月的复健效果要好很多,而且我走路的样子也几乎恢复了正常。

我知道我的情况应该算是特例,不具有普遍代表性。但确实在改正动作模式后,我对自己的体能状况有了新的期望。之前我因为无法跑步,所以认为自己这辈子再也无缘铁人三项比赛了,但现在我发现不久之后梦想就能实现。我还有很多事情想要做,在核心基础运动的帮助下,我知道自己一定可以回复到受伤前的运动水平。

2.3 久坐不动——背部紧绷

人体原本的设计是以臀部作为动作中心支点的,但现今久坐不动的生活形态,却把这项工作转移到腰椎,从而限制了我们的动作。在工业化之前,人们多从事体力劳动,耕作、晒衣、揉面,身体长时间都保持在直立的状态,全身活动让脊椎承受的是来自四面八方的不同压力。但时至今日,我们不论去哪里都坐车,上班的时候不是坐在办公桌前办公,就是坐在会议桌前开会,晚上回家不是坐在椅子上看电视、看书报就是紧盯着计算机屏幕。脊椎不再能体验到位置与压力的变化,长时间处于前弯的状态。这样的姿势以脆弱的腰椎作为支点,使腰椎承担了极大的压力。

因此,久坐少动的生活形态正是造成今天有那么多人背部肌肉紧绷与背痛的原因。久坐不动不仅会使腰椎承受过多的压力,而且还会影响身体的气血循环,使背部肌肉缺氧。一连数小时坐着不动使用电脑,可能会造成肌肉因供氧不足而僵硬、急遽收缩,引发背部痉挛疼痛。

长时间弓着背坐在汽车里或是办公桌前,会造成身体处于内旋(骨骼向前移动后,关节动作会往身体中线方向转动)状态,也就是大家熟知的"电脑症候群"(可参见图 2-1)。你是否发现自己站着的时候经常颈部往前倾、肩膀略微耸起,使得身体重心前倾而落到脚趾上?久坐不动加上不正确的动作模式,使得身体内旋的情况更加恶化。

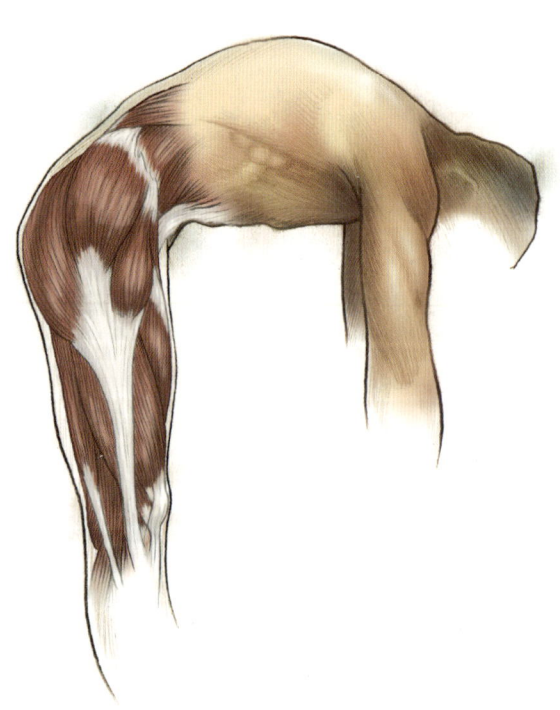

图 2-1　错误的动作模式造成的脊椎弯曲

> **保持身体良好姿势的小秘诀**
>
> 良好的姿势会让人看起来更自信、更有活力且更加健康,当一个人的背部挺直并自然地抬起头,就会显露出什么事都难不倒他的气势。相反,弯腰驼背的人会令人产生垂头丧气的负面观感。
>
> 核心基础运动最显著的好处就是不必刻意保持就能自然呈现最佳姿势。练习核心基础运动后,脊椎会获得稳固的支撑,肩膀会自动往后,脊椎会呈现自然曲线,胸膛会高高挺起,所有的动作都会以臀部为中心。
>
> 一旦各位将核心基础运动融入到生活中,完全不必费力便能拥有好姿势。再告诉大家一个改善姿势的小诀窍:只要把肩胛骨往下拉(而非往后),就能展现脊椎的自然曲线。

当身体正面的肌肉收缩时,会牵引腰椎往前凸,为了使脊椎保持在正确的位置,脊椎的肌肉会被迫往后拉,而内旋的姿势会造成身体背侧的肌肉群,包括大腿后侧肌肉群、脊椎及颈部全都保持紧绷,导致肌肉负担过重从而引发背痛。正确的矫正方法是放松腹部,使它们不要对背部造成压力,避免肌肉疲劳引起背部痉挛。姿势不佳以及长时间不动(包括久坐或久站)会造成重力无法平均分散在脊椎的肌肉、韧带与骨头上,时间久了当然会产生问题。

脊椎长期前弯会使整个脊椎结构(包括关节、韧带与肌肉)全都承受压力。一段时间后,身体适应了这些压力就会导致关节丧失活动力而退化以及椎间盘病变。

2.4 用臀部运动,而非脊椎!

大多数的运动及复健计划都是以脊椎负责身体前弯后仰作为设计理念的。虽然健康的脊椎的确能够灵活地完成各式各样的动作,但脊椎是人体的支架骨干，不可能极富弹性，而脊椎周围的肌肉也承担着使人体保持稳固的任务。

如果由髋关节负责身体的前弯后仰，不但脊椎能获得稳固的支撑，还有助于强化臀部、大腿后侧肌肉群以及整个背部的肌肉，让身体后方肌肉群变得强而有力。因此，所有的动作应源自骨盆、臀部和髋关节，臀肌应作为帮助身体向前移动的推进器（可参见图2-2）。

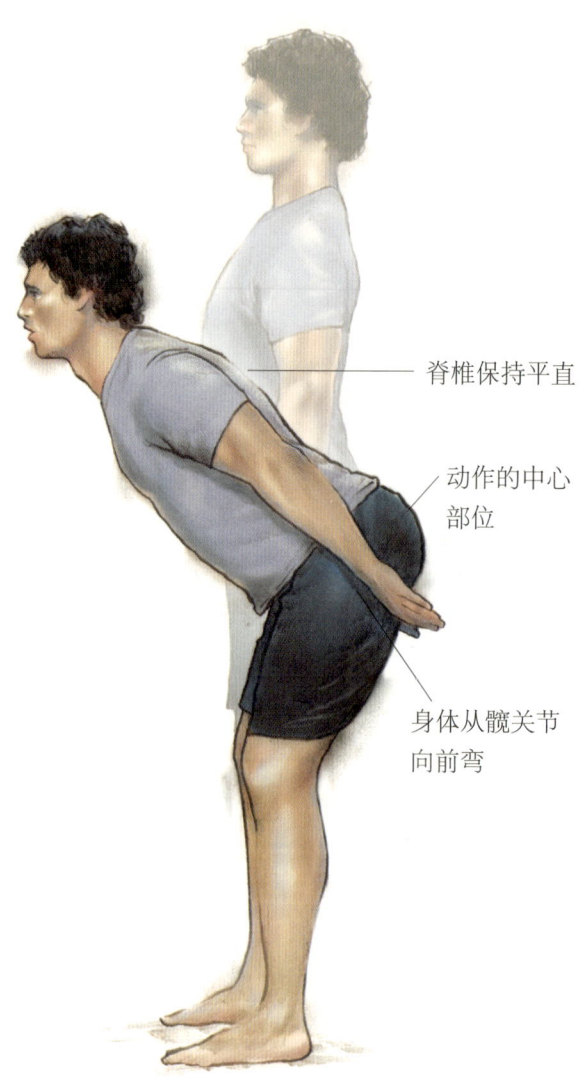

图2-2 脊椎伸展动作

核心基础运动要教大家用人体天生设定好的方式，也就是原始的动作模式做动作。不妨想象一下四足动物，它们靠后腿的力量移动，利用脚后跟蹬地产生的反作用力往前推进，移动时脊椎保持平直不弯曲，由臀部及大腿后侧肌肉负责执行动作。动物如果想靠腹部移动，就会使身体蜷曲成球状。虽然现在人类经过进化而变成双脚直立，但其关节线却仍保留着四足动物的结构。

你可以仔细观察一下小孩子蹲在地上的样子，就会发现他们的屁股往外翘，但背部却是直挺挺的，头也是抬高的，可以说是完全符合人体工学的完美动作模式（参见图2-3）。

我们的目标就是要让各位顺着关节线做动作，因为这是人体原本就设定好的动作方式。因此，我们所有的运动方式都在教整合动作，能够帮助大家学会运用大腿后侧肌肉群与臀肌推动身体向前移动。

而这套运动之所以命名为核心基础运动的主要原因是：不论大家想从事哪种体能活动或竞技比赛，例如跑步、游泳、跳舞、举重、打网球、打高尔夫球或是骑自行车等，都必须以正确的动作——核心基础运动为根本。只要改掉不良的动作模式，你不仅能快速学会一项新的运动，还能达到比之前更高的水平。

图2-3 小孩子蹲在地上的动作是一种天生完美的动作模式

核心基础运动为身体打造了一个强壮的中心或基础，让你得以向外无止境地扩展，就连职业运动员在接受我们的训练后也表示，他们的表现比过去更有力也更有信心。

2.5 简单的膝盖微弯就能运动到对的肌肉

人体的腰椎必须保持稳定，因此核心基础运动会先教大家如何保持腰椎稳定，并进一步强化腰椎的稳定度。在矫正不良的动作模式后，核心基础运动会让我们正确使用全身最有力的肌肉群，加强锻炼身体最重要部位的耐力与弹性。保持许多小肌肉的平衡对于健康的脊椎以及灵活自如的动作是很重要的。

如果你的动作不正确，脊椎就不会呈现自然的曲线，臀部的肌肉也就无法适当收缩。当臀部肌肉无法收缩时，脊椎就得不到支撑，大腿后侧肌肉群便不够长，造成大腿正面的股四头肌过度工作，膝盖也要承受过多的压力。

当脊椎前弯时，全身的重量也会往前倾，落在承受力较脆弱的关节上，而非承受力较强的臀部肌肉上。如果髋关节未承受它应当承受的压力，压力就会落到膝盖和脊椎上，而脊椎无法承受那么大的压力，它的工作只负责吸收来自上下方的纵向压力，旋转或前弯后仰的压力并不属于它

摆脱背痛的好莱坞巨星

著名影星马修·麦康纳
（Matthew McConaughey，电影《星际穿越》男主角）

我原本以为自己的下背部永远不会好了，但核心基础运动扭转了这个负面想法。我现在感觉自己的身体既强壮又灵活，姿态也比以往任何一个时候都要好，我相信核心基础运动对各位也会有好处。

应当承受的工作范围。

如果以腰椎作为行动中心转动身体，就会使得大量压力落在腰椎椎间盘，这样的压力远远超出它的能力所及，结果就会引发背痛和其他问题。

而我们在跑步、骑自行车或是做瑜伽时所做的伸展动作，多半是以两腿打直、脊椎弓起的方式向前弯，这么做只会进一步拉扯到脆弱的关节。正确的动作应该是膝盖微弯，身体从臀部向前弯，伸展臀部并使大腿后侧肌肉群拉长。

简单来说，核心基础运动的独到之处在于它有助于强化及锻炼脊椎附近的许多小肌肉，使它们有足够的力量在身体前弯时，稳定地支撑整个腰椎。这些小肌肉原本只需负责简单的稳定功能，但许多人经常不当使用并征召小肌肉做超负荷动作，就像要求小树枝做大树干该做的事。

不过，如果你能把小肌肉锻炼得足够强壮，在较大肌肉群运动时它们就能帮忙稳定脊椎。如果做动作时能以臀肌和身体后方肌肉群为核心，脊椎周围的肌肉就不会受到压迫或工作过度，所有的张力、压迫和摩擦就会分散到髋部肌肉、臀肌以及大腿后侧肌肉群，而不会加诸脊椎周围的小肌肉与脆弱的椎间盘了。

伸展动作，你做对了吗？

如果伸展时，是以膝盖打直、背部弓起的方式向前弯，伸展的重点会落在肌肉的远端，也就是肌腱与关节的交接处；但如果改成膝盖微弯、背部打直，从臀部开始往前弯，这时身体形成的角度，会让大腿后侧肌肉群的肌腹伸展得更多。

以膝盖打直、背部弓起的方式向前弯，会造成腰椎与膝盖承受过多的压力，违反人体原本应由臀部负责承受较大压力的设计。如果某些健身动作被设计成从脊椎往前弯，只要留意身体后方肌肉群能够被锻炼到以及动作平衡就可以了。

有背痛的人，刚开始跟着训练员或医师做复健时，都期待能够快点复原，所以他们会乖乖地遵照医师的指示做一大堆运动。等到身体好转后，他们就回去过正常的日子了，很快就遗忘了那些复健运动。必要时做做那些传统的复健运动可以获得某种程度的舒适感，但在运动以外的时间，在日常生活的行走坐卧或是体能活动中，如果不改变动作模式并建立正确的观念，就又有可能回到疼痛的日子。

我们认为运动应该能够改变你的身体，并强化你做的其他所有事情，这样才能真正发挥功效。

因此，我们所说的无毒无痛生活形态的独到之处就在于：当你开始改变动作模式时，就能持续强化核心基础运动的所有动作。

随着你的身体越来越强壮，不论是困难还是轻松的活动，你都能够自然而然地活用核心基础运动的所有招式。只要树立正确的动作模式，你就会感觉到自己越来越有力！

举个例子，汽车电池耗尽后可以再充电，你一边开车电池就会一边充电，电池的电会充得愈来愈饱，下回你要开车时，便不需要外接电力就能直接启动。同样的原理也适用于核心基础运动，一开始做这套运动时越勤快，就越能牢牢记住它们的动作模式，当你能够自然地以这种方式做动作时，就会发现不必再做那么多次了。因此，核心基础运动会融入生活的每个方面，令你充满活力、主动积极且非常健康。

核心基础运动把锻炼的焦点放在身体真正的核心，所以能令身体恢复平衡状态，让你轻松保持良好姿势，提高身体的灵活性，使动作充满力量，最重要的是，长保背部健康、无病无痛。

在这一章中我们说明了核心基础运动与其他健身计划的不同之处，也说明了它的训练哲学和机制以及成效如此卓著的原因，相信它能令原本信心全失的人再度充满斗志，也能使大家清楚了解：重新定义身体的核心，是为了从根本上解决背痛问题，而非只是短期止痛。

在下一章中，我们将通过人体解剖学了解急性与慢性背痛的根源，让各位了解为什么核心基础运动能消除背部疼痛，并有效预防背痛复发。

50 岁才开始练，登上美国本土最高峰

业余运动员简·希尔（Jan Hill）

我是个业余运动员，曾参加过几次马拉松以及一次全程861千米的"为艾滋而骑"的自行车骑行活动。

有一天我在连续数小时使用电脑后竟无法站起身，这令我非常震惊，瞬间感觉自己像个衰弱的90岁老妇。之后，每当我想从坐姿变为站姿时，疼痛就会从背部向下延伸到臀部及大腿，我必须要先慢慢地将臀部往前移才能站起来。

为此，我先后看过三位医师（其中包括整脊治疗师），我才知道我的脊椎关节因退化而锁住了，三位医师都告诉我以后别再跑步了。

可是我才刚满50岁，所以我拒绝接受他们的"判决"，更何况我刚刚答应一位朋友的邀请，要挑战美国本土最高的山峰惠特尼峰（Mount Whitney）。

为了完成我的梦想，我必须寻求专家的帮助。

我想到几年前曾接受过彼得·帕克的训练课程，效果良好，我便打电话给他。他告诉我，最近跟新伙伴埃里克·古德曼共同研发了一系列很棒的训练课程，我马上决定要试一试。

在练习第一套课程期间，我对于自己身体的表现非常惊讶，当我做着那些类似普拉提和瑜伽却又截然不同的招式时，肌肉抖得很厉害。不过才做完一堂课我就觉得身体舒服多了，所以我非常期待学习新的招式。

在接下来的三个月，我跟着彼得和埃里克认真练习核心基础运动。不久后我的背痛便消失了，于是我开始挑战跑步。练习核心基础运动不到六个月的时间，我便完成了攀登惠特尼峰的挑战，而且身体状况非常良好，顺利找回了从前那个生龙活虎的自己。

第3章
人人都会有背部问题，
因为你做动作都靠腰

背痛的原因最有可能是脊椎磨损，而长期不良的动作模式会使情况雪上加霜。

医生在对背痛进行诊断时，通常都会问患者："你的疼痛是怎么开始的？"这个问题有可能会误导患者回答错误。

如果你以为这个问题是要问你什么时候开始感觉到疼痛，也就是背部出现问题的时间，那么你回答的只会是症状。除去意外事故和钝力创伤（blunt force trauma，如烧伤、癌症、化疗、大型手术等许多造成显著数量的身体组织死亡的情况），其他情况下，你的背部应该早在疼痛出现前就已经出问题了。

背痛的原因最有可能是脊椎磨损，而长期不良的动作模式会使情况雪上加霜。在这一章中，我们会逐一检视违反人体工学的动作会导致怎样的脊椎问题。

3.1 身体正在对你说的话

疼痛是件棘手的事，不论是隐隐作痛、剧烈疼痛、深层的痛、浅层的痛、灼热的痛还是轻微触痛（指引发痛觉产生的正常无害的刺激传入）都会让我们的日子不好过。重点是，应该留心身体正在对你说的话，某些类型的疼痛一定要特别注意。当背部第一次出现强烈刺痛时，一定要先去就医。

突然出现的强烈背痛或持续性疼痛，有可能是某种严重疾病的症状，所以当你第一次出现背痛时，一定要让经验老到的医生来诊断。

高达八成的背痛都是急性且严重的，通常来得快，去得也快。不过区分背痛是急性、亚急性（subacute，介于急性与慢性之间）或慢性，对于多数人来说并没有太大的意义。

如果身体的某个部位多次出现疼痛症状，表示这个部位可能出问题了，必须妥善处理，否则情况会越来越严重。

本章将简单介绍脊椎的构造以及可能产生的病变，让大家大概了解引发急性背痛和慢性背痛的原因。同时本章附有各种类型的脊椎解剖图，能使读者更加清楚地了解，为什么我们的背部这么容易受伤，以及身体哪里有问题容易造成背痛。

不可轻视的病症

虽然大多数的背痛可以自行治疗，但疼痛有可能是某种严重疾病的症状，如果你有以下情况，请务必就医诊治：

- 最近刚发生的意外，包括跌倒和车祸。
- 痛得很厉害，甚至晚上睡觉时被痛醒。
- 发烧超过37.5℃，有身体发冷、出汗或是疑似感染的症状。
- 体重莫名其妙减轻。
- 大小便失禁。
- 疼痛蔓延到两腿膝盖以下。
- 行动不便。脚踝部位很难抬高或下弯，而且脚的大拇指很难向上抬起。
- 无法踮起脚尖站立或是走路时脚跟着地会痛。
- 腹部有抽动的感觉。

如果你患有癌症、骨质疏松，或曾经服用过类固醇药物，或是有酗酒的习惯，那么第一次出现背痛时就需立即就医。如果背痛一连痛了几天都未见好转，就应考虑做更详细的检查。

3.2 上半身的重量不能放在腰上

脊椎是一个强壮有力的支撑结构，由脊椎骨、椎间盘、脊髓与神经根以及支撑脊椎骨的肌肉和韧带共同组成，使人能挺直站立、展现体态，并且保护在大脑与身体部位间传递讯息的神经。

人体有24节脊椎骨，加上一节骶骨和一节尾骨，脊椎骨一块一块堆叠，形成一个有弹性的支撑结构，保护脊髓不受伤害。上下两节脊椎骨由小面关节（facet joints）联结，让脊椎可以移动。脊椎骨由冻胶状的椎间盘相隔，可缓和外力对脊椎的震荡伤害；附着在脊椎后侧的韧带和肌肉，提供力量支撑脊椎，并让脊椎可以灵活运动。

脊椎下方的荐椎与骨盆相连。位于下背部的五节腰椎（L1～L5，也就是第一节腰椎到第五节腰椎）是大多数背痛的源头，主要是因为上半身的重量根本不应该由腰椎承担。腰椎的功能是支撑背部，应该由臀肌负责承担上半身的重量。

如果你不是用臀部而是用腰部进行前弯动作，就会导致上半身的重量落到腰椎。用这样的方式做动作，会让负责稳定脊椎的下背部承受很大的压力。核心基础运动就是要教大家如何顺着脊椎的自然曲线做动作，以减轻下背部承受的压力。

那么什么是脊柱的自然曲线呢？在图3-1中，我们可以看到脊柱有三个区段，因此会在身体背面的颈部、胸腔以及下背部形成三道自然的曲线。

颈部与下背部为向内的曲线（前凸），胸部则为向外的曲线（后凸）。腰椎的前凸曲线（可参见图3-2）负责臀肌的适当动作，没有这条曲线的话，臀肌就无法适当收缩。

违反脊椎自然曲线的内旋与不当前弯会造成背部移位。若是为了让下背部打直而将骨盆前倾，将有碍脊椎的稳定。如果你拉平了腰椎的前凸曲线，便无法让臀肌正常地工作，这时候下背部就会被迫承受过多的压力与重量，导致背痛。

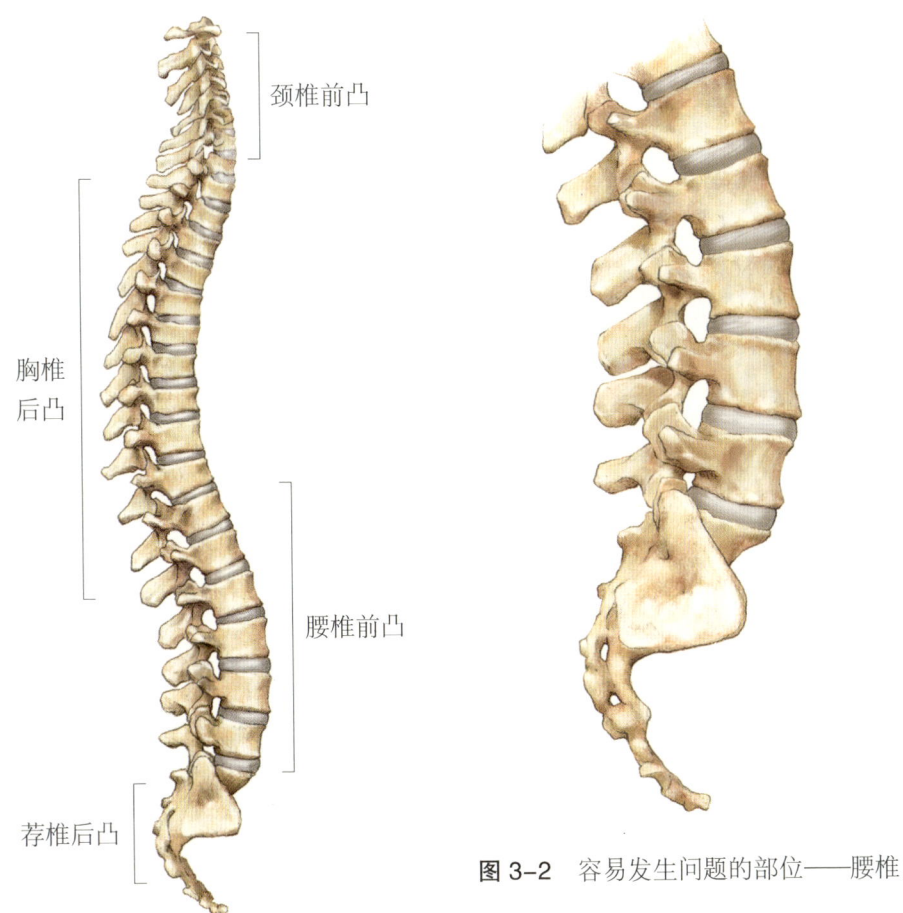

图 3-1　健康的脊柱示意图

图 3-2　容易发生问题的部位——腰椎

3.3　人老是不经意伤害脊椎

层层堆栈的脊椎骨打造出一条保护脊髓的通道。脊髓负责在大脑与肌肉之间双向传递讯息，它起自大脑底部，往下延伸至背部三分之二的地方。自第三节腰椎往下没有脊髓，只有一条条的神经根，即马尾（cauda equina）。脊椎是从颈椎开始，直到马尾后方的终丝（filum terminale）为止，所以脊髓与脊椎之间的段差，正好可以让医师在不直接影响脊髓的情况

终结反复受伤的噩梦

Intelliskin 健身服装公司创办人兼创意总监
蒂姆·布朗（Tim Brown）

彼得与埃里克共同打造了完美的健康风暴，他们的这套健身方法，讲究证据，注重科学性与功能性，是目前全美首屈一指的健身方法。这套专注于打造稳固基础的健身方法是我提供给顶尖运动员（以及他们的老妈们）的训练处方！

生命在于运动，如果你无法自由自在地从事对抗地心引力的运动，迟早会受伤，这是我个人的痛苦经历。我曾经是一名运动员，经常受伤，在对动作模式进行重新训练后，才结束了身体反复受伤的噩梦。

所以，我很高兴看到他们结合创意与运动科学，打造出一套实用且不需辅助器材的训练方案。这套方法把训练重点放在姿势、核心以及基本的动作模式，目的就是为我们打下一个最稳固的基础，然后将其延伸应用于各项竞技项目。

当时还在为湖人队效命的德里克·费舍尔曾对他们说："我聘请你们，并不是为了让我成为更棒的篮球运动员，而是想请你们把我训练成一个更棒的运动员。"说得一点也没错！

下，对患者进行腰椎穿刺、脊椎外麻醉（广泛应用于无痛分娩）以及其他诊疗项目。

48条脊神经从椎间孔（脊椎中的小开口）伸出（可参见图3-3），每一节脊椎骨会有一对神经根负责对身体的特定部位提供神经脉冲（让肌肉作出反应），腰椎的神经根便是掌管下背部与下肢肌肉群的感觉及刺激的。

位于两节脊椎骨之间的小面关节能够让脊椎得以活动。每一节脊椎骨皆有两组小面关节：一组朝上，一组朝下，并且将相邻的两节脊椎骨

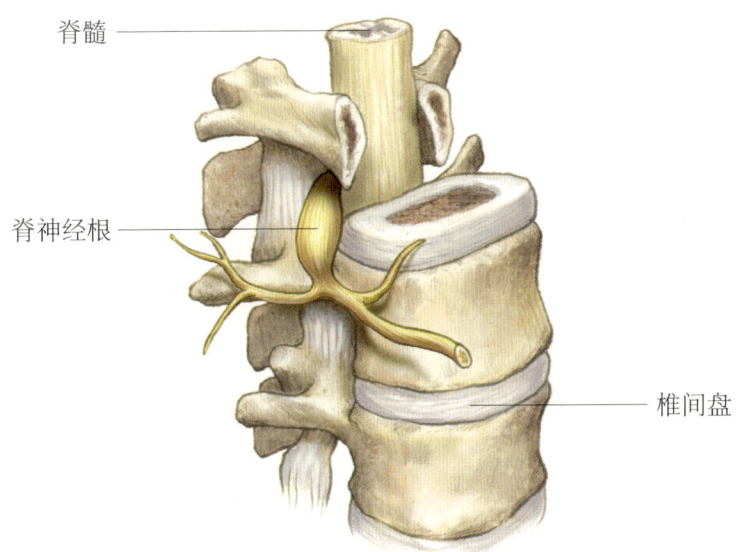

图 3-3 脊神经

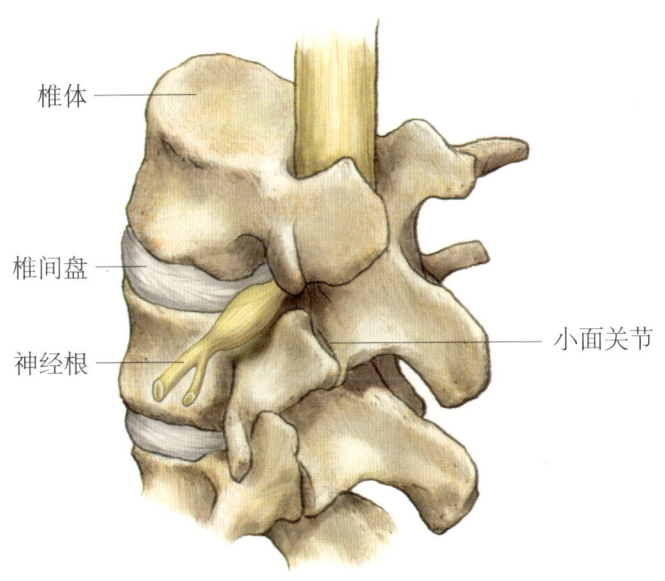

图 3-4 脊椎骨

互相交锁,保持脊椎稳定(可参见图 3-4)。

各节脊椎骨由圆形的椎间盘隔开,椎间盘的外围是联结脊椎骨的坚

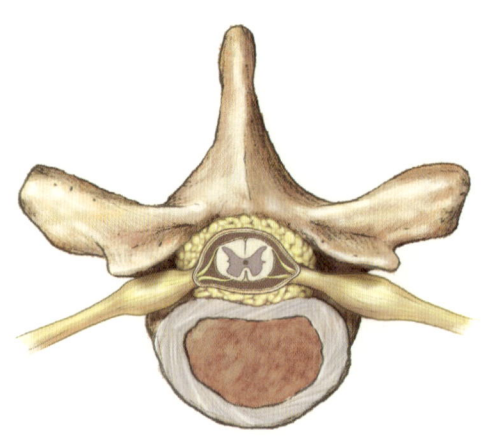

图 3-5　健康的椎间盘

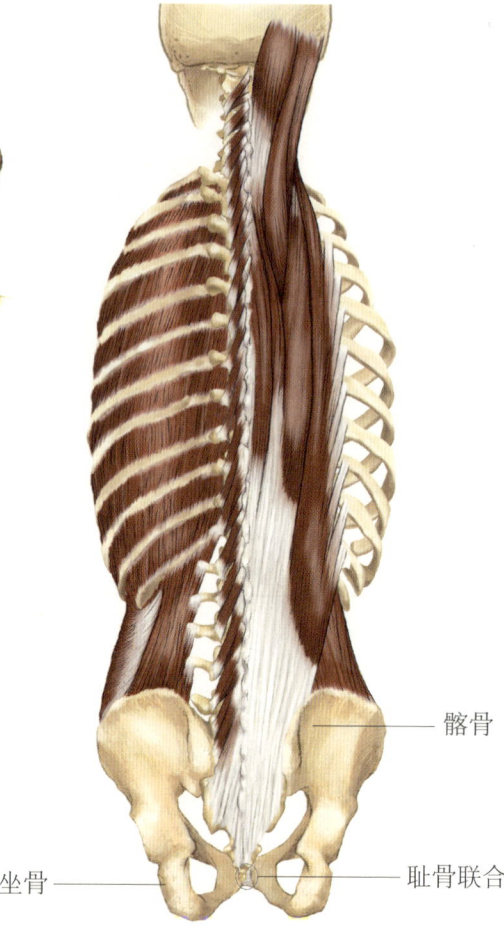

髂骨

坐骨　　　耻骨联合

图 3-6　脊椎周围的韧带与肌肉分布图

硬纤维外环,中心则是冻胶状的髓核。椎间盘的功能像是人体的避震器,防止各节脊椎骨在活动时碰撞磨损(可参见图 3-5)。

　　为了将脊椎骨联结起来,需要动用成百上千的韧带,控制背部动作也必须动用成百上千的肌肉。地心引力、不好的动作模式、长时间的耗用磨损以及电脑症候群等都会伤害到脊椎,幸好现在只要接受核心基础运动就能减缓脊椎的退化。

　　图 3-6 是脊椎周围背部肌肉与韧带的分布图,能够帮助大家了解为了使脊椎活动时依旧保持稳定,脊椎的肌肉与韧带需要进行精细的分工与合作。

3.4 这些背部问题，你一定有一两个

可能引起下背痛的因素有很多，通常是好几项因素一起造成的，例如过度使用导致肌肉劳损以及肌肉、韧带、骨头与椎间盘创伤，都会导致背部受伤或旧疾复发。如果你在脊椎未获得良好支撑的情况下重复相同的动作，可能会造成背部反复拉伤，并伤到椎间盘和脊椎骨。

无论是前弯、上举、跑步、坐着或者伸长肢体，都会牵动到背部肌肉。如果动作不恰当，脊椎尤其是腰椎就会受到严重的磨损。

当肌肉、韧带、小面关节或荐髂关节（sacroiliac joints，介于荐骨与耻骨间）受到损伤时，你可能为了避免疼痛而改变动作方式，由此变成更加不良的动作模式。例如，有人走路时只会提起单边的臀部，另一侧的身体则保持不动，这种方式会拉伤其他原本不应用到的肌肉，形成身体反复受伤与疼痛不断的恶性循环。

大多数人到了四十多岁时，会因为长年不良的动作模式持续对下背部的软组织造成的机械式压迫而开始出现下背部不适的症状。核心基础运动的目的就是为了避免类似的压迫，所以这套方法不会让原本不应承受大量压力的肌肉负重，而是教大家学会让身体背面（包括背部、臀部以及大腿后侧）的肌肉群以良好协调且充满力量的方式做动作。

痉挛、肌肉受伤或缺氧

背部痉挛（抽筋、僵硬、无法移动）的主因是肌肉受伤或缺氧产生的一种非自主性收缩反应，有时候痉挛甚至会强烈到令你无法动弹，这其实是身体为了保护自己不受伤的一种反应，以避免动来动去、伤势更加恶化。

背部痉挛是身体其他部位受伤所带来的一种病征，例如韧带或肌腱断裂、肌肉严重受伤、椎间盘突出压迫到神经、某处受到感染、关节受到刺激等，都可能引起肌肉痉挛。在下一章中，我会清楚说明，腰椎周围的韧带或椎间盘受伤会导致臀部与背部疼痛，这时髂腰肌群（由髂肌

和腰大肌组成,从腰椎和髂骨连接到大腿内侧)通常会产生痉挛。

椎间盘问题——慢性背痛的根源

压迫的真凶有时是突出的椎间盘。多数人到了四十多岁时,椎间盘里的胶状物就会开始萎缩和脱水,使得外部软骨干硬断裂,从而刺激周围的神经和肌肉。

椎间盘外围的小裂隙会导致各式各样的疼痛反应,从无痛反应到令人无法行动的慢性疼痛,情况不一而足。目前我们还无法解释,为什么每个人的椎间盘裂隙产生的反应会各不相同。

如果椎间盘磨损或受伤,位于椎间盘中心的髓核里的胶状物质就会从纤维外环推挤出来。

破裂或突出的椎间盘会从两节脊椎骨之间推挤到椎管或是脊神经从中伸出来的椎间孔,使得脊神经直接受到刺激。当突出的椎间盘朝向椎管推挤时,会对脊神经造成压迫从而引起疼痛,这种情形最常发生在第四及第五节腰椎(可参见图 3-7、图 3-8)。

当神经直接受到压迫时,你会感受到一阵刺痛,有时候还会造成那条神经主管的腿部麻木,或是沿着整条神经通路产生放射状疼痛。这是因为神经系统是通过电脉冲(electrical impulses,类似神经冲动和肌肉收

对任何动作都能充满信心

电影演员杰夫·布里奇斯(Jeff Bridges)

当我的背部对我不太"满意"时,它一定会让我知道,这时候我的日子就不好过了。幸好核心基础运动已经成为我每日必做的例行运动项目之一。练习了核心基础运动之后,我发现我的动作模式真的改变了,不但背部舒坦了,身体也变得更强壮,这可是件了不起的大事。核心基础运动能够让你充满信心地做运动,凡是背部不健康的人,都应该做做核心基础运动。

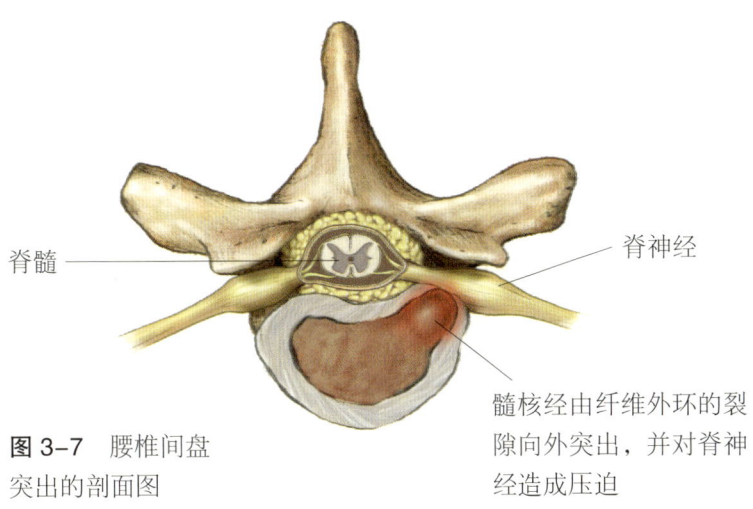

图 3-7　腰椎间盘突出的剖面图

脊髓　　脊神经

髓核经由纤维外环的裂隙向外突出，并对脊神经造成压迫

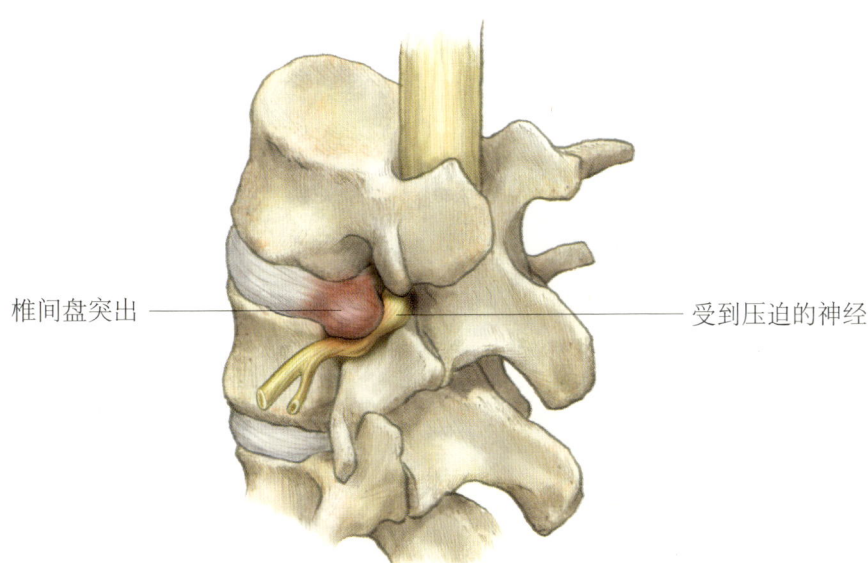

椎间盘突出　　受到压迫的神经

图 3-8　腰椎间盘突出的侧面图

缩）与肌肉沟通，而破裂的椎间盘会干扰或阻碍这一沟通，导致肌肉无力。如果肌肉无力状况严重，可能发生严重的问题，应立即就医。

　　下背部的神经控制臀部、腿部和双脚，而负责上述各个部位的神经根会通过一条特定的通路传送它的电脉冲。若是下背部椎间盘突出，可能会压迫到通往腿部和双脚的神经根,使疼痛向臀部放射,并向下延伸至腿部,也就是所谓的转移痛(身体某部位出现的痛觉,源头并不是疼痛的位置,而是来自身体的另一处),所以你不一定会在椎间盘破裂的地方感到疼痛。

另外,坐骨神经是人体全身最长最粗大的神经,从下背部向下延伸到臀部、双腿后侧,最后止于足部(可参见图 3-9)。坐骨神经痛并不是诊断时常用的专业用语,而是用来描述疼痛蔓延到大腿后侧的症状。造成坐骨神经痛的原因有好几种,例如破裂的椎间盘或骨刺,会造成通往坐骨神经的神经根受到压迫。

核心基础运动,几星期就能复原

见证学员亚历克斯·多尔蒂(Alex Daugherty),两个孩子的妈妈

我最近刚动过治疗椎间盘突出的手术,手术虽然很成功,但是经过好几个月的传统物理治疗,复原程度相当有限。因为我非常害怕再引发其他伤痛,所以拒绝了不少活动。幸好我发现了核心基础运动,能够让我不再因为惧怕疼痛而改变充满希望与活力的日常生活。

才接受核心基础运动短短几周,我就为身体状况的快速复原感到惊奇不已。因为核心基础运动简单易学,我常常一整天都在练习,而且毫不费力就能挑战自己的极限,我很期待能够通过核心基础运动达到此生最佳的健康状态。

我迫不及待地想跟大家分享核心基础运动的好处,所以号召亲朋好友也来参加一对一训练课程,其中包括我的儿子和我的爸妈。核心基础运动成了我们最新的家庭活动。

这是一套适合所有年龄层与体能状况的运动,而且随时随地都能做,更重要的是,做得愈多,身体状况愈好。它的好处多多,不只是消除疼痛,也是一份最棒的健康保险,轻松就可获得!

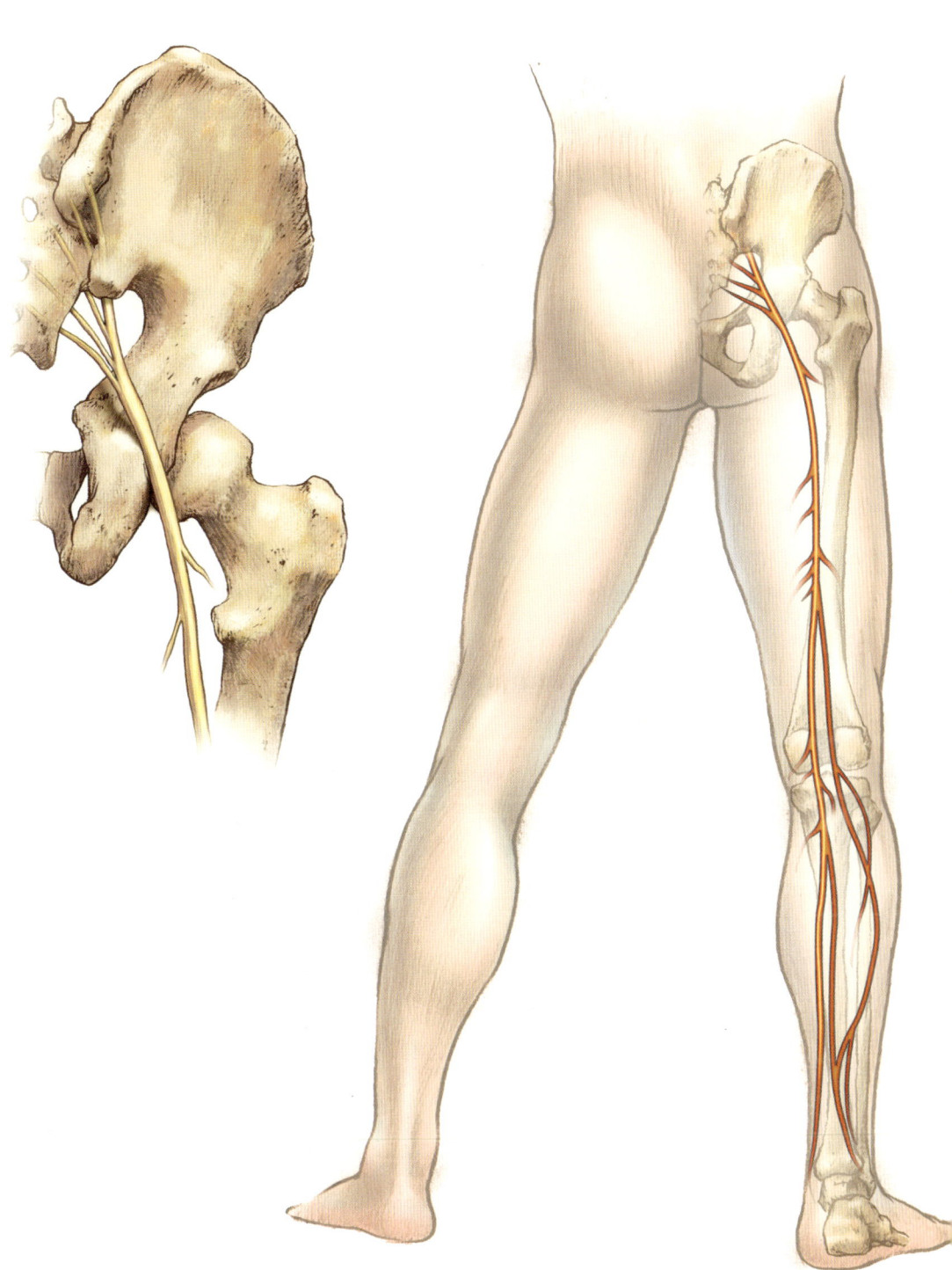

图 3-9 坐骨神经图

虽然有不少人才刚二十多岁就有了椎间盘突出的情况,但只有少数人被确诊为神经受到压迫。

椎间盘退化从二十多岁就开始了

虽然椎间盘退化听起来很严重,但它的症状几乎众所周知。一般人从二十多岁开始,椎间盘就会开始退化;到了三十多岁,大多数人的颈椎或腰椎都会出现椎间盘轻微或中度退化的情况。

也就是说,椎间盘的含水量会随着年龄增长而逐渐减少,而且厚度和横径也会变小,使得各节椎骨间的距离变短、椎间盘的减震效果下降,因此脊椎就比较容易受伤。这主要还是因为各节脊椎骨间的距离缩短,使得骨骼互相摩擦的情况加剧所导致的(可参见图3-10)。

即使椎间盘未破裂,也可能出现发炎以及神经根受压迫的情况,因为脊椎骨本身就有可能会压迫到神经根。不良的动作模式以及长时间低头垂肩都会造成脊椎骨不适,加上椎间盘退化,减震效果变弱,不适感自然加剧。至于颈椎及腰椎椎间盘较易退化的原因包括:姿势不当、久

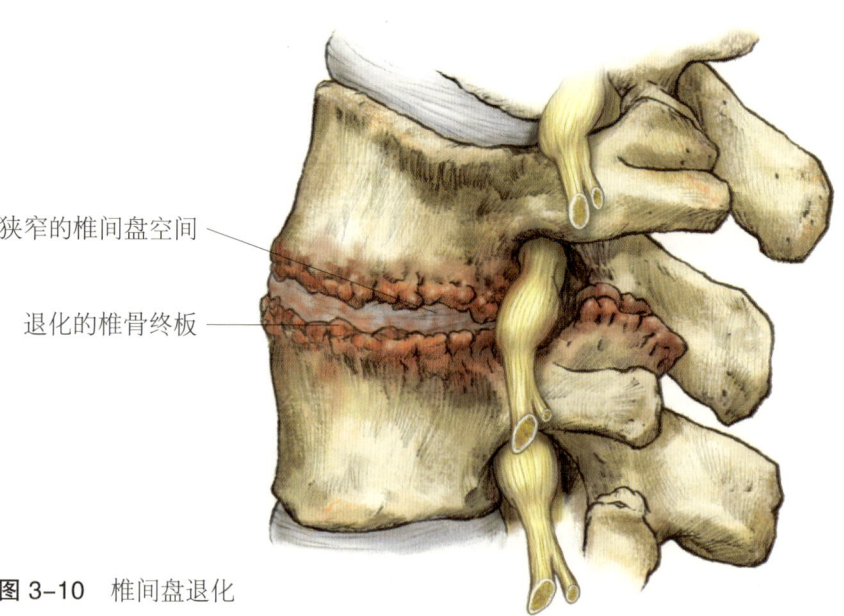

狭窄的椎间盘空间

退化的椎骨终板

图3-10 椎间盘退化

第 10 次获得世界冲浪冠军，全靠核心基础运动

> 世界冲浪冠军凯利·斯莱特
> （Kelly Slater，2010 年赢得个人第 10 次世界冲浪冠军）
>
> 虽然我接触核心基础运动才没多久，不过我已经可以感受到这套训练的强大威力。背部问题已经困扰我好长一段时间了，幸好核心基础运动能够训练我达到赢得第 10 次冠军头衔的体能境界。

坐少动的生活形态，这些都有可能造成颈椎及腰椎的椎间盘退化。

当椎间盘的含水量随着年龄增长而逐渐减少，再加上椎间盘的厚度日渐缩小，质量越来越差，各节脊椎骨间的距离会越来越近，人的身高也会逐年缩水。但只要保持良好的体态，并在脊椎获得良好支撑的情况下做动作，身高就不至于缩水太快。

退化性关节炎会加重肌肉损伤

关节会随着年龄增长而退化，当脊椎里小面关节的软骨因为磨损、受伤或使用不当而受到侵蚀时，就会发生脊椎退化性关节炎。小面关节会随着年龄增长而变厚、变硬，并因摩擦引发疼痛，骨头过度生长则会形成骨刺压迫神经根。以正确的方式做动作，可使脊椎关节免受不当压迫，避免发生退化性关节炎，或至少可以使病况不会持续恶化。

如果你的髋关节或膝关节有关节炎，那么你在活动或走路时，身体就会为了避免疼痛而出现代偿作用（某个肌肉群无法使用，就用别的肌肉群来协助），但是这样会伤到别的肌肉群，并造成背部移位，到头来反倒会使疼痛加剧。

椎管狭窄症会导致四肢无力

椎间盘退化合并下背部关节炎会导致脊柱周围的空间变窄（可参见

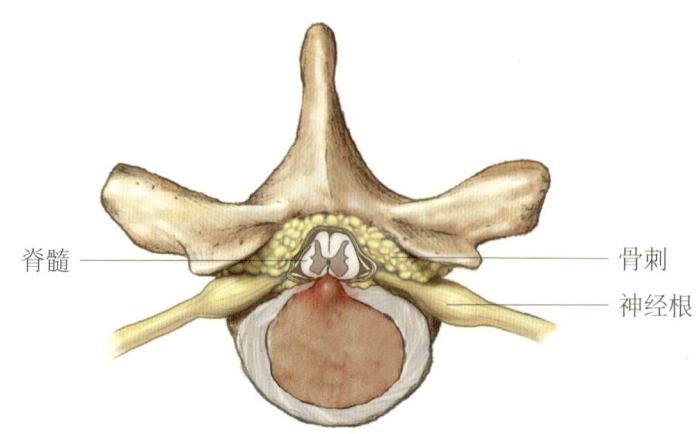

图 3-11 椎管狭窄症

图 3-11）。椎管狭窄症患者在持续站立或行走一段时间后，会出现延伸到腿部的放射状疼痛。

椎管狭窄症患者因受影响的神经不同，会在颈部、肩膀、手臂或是腿部产生疼痛或麻木的感觉，四肢也可能会无力或失去感觉，若有这样的情况请务必尽快就医。

椎弓解离症与脊椎滑脱症

椎弓解离症（spondylolysis）是指在脊椎骨连接处，也就是联结小面关节上下侧的一片薄薄的骨头上有缺损，这个缺损会导致骨头出现应力性骨折（编按：骨头未能承受反复施加的压力而出现的创伤，例如跑步时地面回传的撞击力造成的细微创伤），使得脊椎骨变衰弱。

如果负责维持稳定的结构退化，导致小面关节衰弱无力时，就有可能造成某一节的脊椎骨滑脱错位，比整条脊柱向前或向后凸出。向前凸出时即为脊椎滑脱症（可参见图 3-12）。

脊椎骨天生比较薄的人，发生椎弓解离症的风险较一般人高。此外，反复创伤也是椎弓解离的原因之一。椎弓解离症是 26 岁以下年轻人最常见的下背痛原因，尤其是背部经常承受很多压力、脊椎过度伸展或扩张

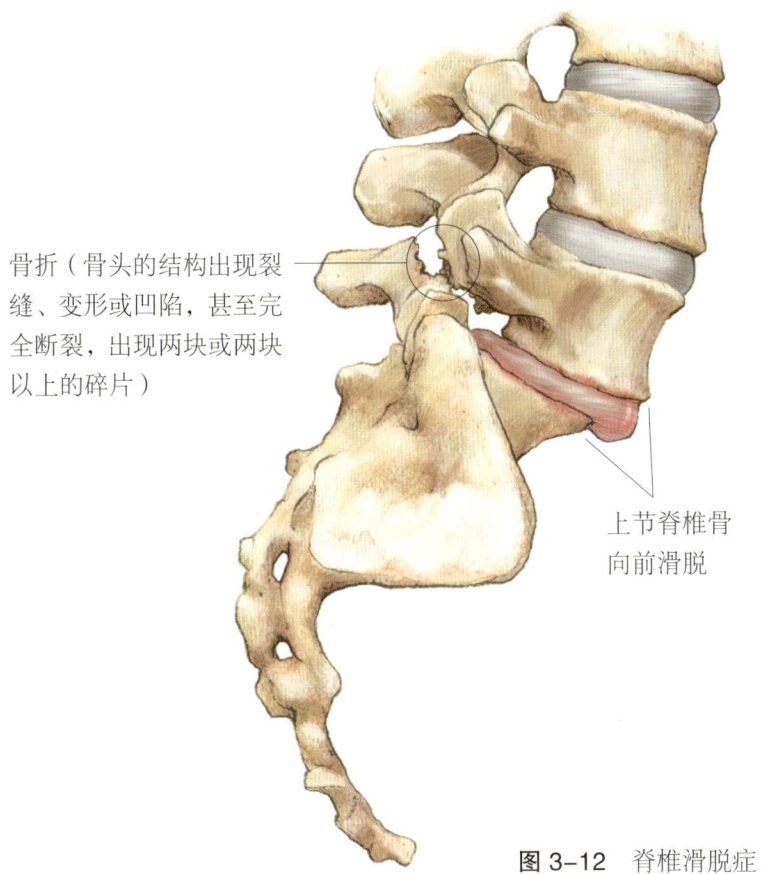

骨折（骨头的结构出现裂缝、变形或凹陷，甚至完全断裂，出现两块或两块以上的碎片）

上节脊椎骨向前滑脱

图 3-12　脊椎滑脱症

的运动员。最容易发生椎弓解离的运动包括体操、篮球、足球和举重，而任何一种高冲击性的活动，都有可能使病况加重。

怀孕与背痛的原因

　　女性在怀孕期间体重增加，会对脊椎施加额外的压迫，而子宫随着胎儿的成长也愈来愈大，再加上胃部肌肉过度伸张无法承受整个子宫的力量，这时脊椎和背部肌肉就得卖力工作，以负担日渐增加的重量。

　　不仅如此，孕妇的身体重心也会往前移，导致她们走路的方式和一般女性也不同，但这样的动作模式其实对背部并不好，这种为了维持身体平衡所做的动作可能会拉伤下背部的肌肉。

更糟的是，孕妇在产前会分泌一种特殊的激素——松弛激素，以放松所有的韧带和肌腱，撑大骨盆以便容易分娩，但是放松联结骨盆与脊椎的关节后，却会使背部获得的支撑减弱。就算是生产后，问题也没结束，新手妈妈带着孩子外出时，不止得带着新生儿，还得背负着新生儿需要用到的所有物品，这些负重对已经受伤的背部来说，简直就是雪上加霜。

所以，为了产后能够轻松育儿，女性最好能在怀孕前就开始利用核心基础运动锻炼体力，因为只有脊椎强健了才能避免怀孕期间可能受到的背痛之苦。

怀孕时，应该跟妇产科医生讨论哪些运动适合你。一般而言，我们会建议孕妇不要做核心基础运动的地板动作，但做做站姿动作能够帮助你在整个怀孕期间，维持骨盆强健且保持骨盆肌肉放松。如果你把骨盆肌肉锻炼好了，也能加快产后复原速度。

3.5　各种不当动作模式只有一种结果

造成背痛的原因还有很多，包括骨质疏松造成的脊椎骨衰弱无力，这种情形在 50 岁以上的妇女中很常见。在本章中，我们只讨论最常见的几种背痛原因，并未谈及严重的病症，但我们敢说绝大多数因为下背痛而就医的患者，通常无法得到具体的诊断，也无法找到背痛的原因。

这样的情况，让我们不得不再次强调之前曾提及的重点：核心基础运动并不是为了医治某个病症而设计的，而是要直捣疼痛根源，矫正那些造成脊椎失衡及衰弱的机械性问题，使脊椎不再受到不当的压迫与摩擦。

可以说，椎间盘突出、椎间盘退化、骨质疏松、椎管狭窄症以及退化性关节炎都有一个共同点，就是由不当的动作模式所造成的，而核心基础运动的精神就是要矫正错误的动作模式。

在下一章中，我们会直接剖析核心基础运动的动作，让大家更加了解：为什么正确的动作方式能够有效消除疼痛。

带着力量重返球场

NBA 前克里夫兰骑士队球员卢克·沃尔顿（Luke Walton）

德里克·费舍尔在 2010 年 NBA 总冠军赛接近尾声时带我认识了埃里克以及核心基础运动。当时我因为背伤而心情不好，一开始还半信半疑，不过我想既然费舍尔一直推荐说这套方法值得一试，应该不是胡扯的吧，就跟埃里克约了时间碰面。

第一天真是痛苦，我的意思是，我全身抖个不停。我心想，他大概一开始就想先给我们这些身强力壮的运动员一点颜色瞧瞧，让我们明白自己身体最重要的部位其实差劲极了。上了几堂课之后，我感觉到背部的肌肉群动起来了，事实上，更像是感觉到背部深层肌肉被唤醒了。

老实说，一开始我根本没抱太大期望，不过现在我的身体状况改变了，我又可以长期待在 NBA，并且一直成为对球队有价值的人。之前，为了摆脱背痛我曾经试过很多方法，现在我再次感到全身充满力量，感谢核心基础运动为我带来希望。

第 4 章
哪些肌肉你用得太多、动得太少？

核心基础运动要教给大家的就是用人体天生应有的动作方式来管理疼痛。

如果你曾经患过背痛，那你可能已经相当了解背痛的病征和分类，也早就明白：天底下没有人能够提供一套纾解长期背痛的简单计划。

不过，核心基础运动要教大家用人体天生应有的动作方式来管理疼痛。举例来说，脊椎退化是由过度的摩擦、压迫与磨损所造成的。错误的动作模式造成的压迫与摩擦不只会磨损脊椎骨和椎间盘，还会刺激脊椎释放钙质，钙堆积之后可能会压迫到神经。

核心基础运动能够通过减少对脊椎的压迫，尽可能减缓脊椎退化的速度。退化通常发生在承受最多压力的地方，如果我们把压力从受伤处转移到身体背面（背部、臀部和大腿后侧）的大型肌肉群，就不会出现剧烈的摩擦了。简言之，核心基础运动能够护住受伤的部位，并将动作转移到原本负责执行动作的有力肌肉，这么一来你就不会因为动作不正确而受伤了。

4.1 良好动作的基础在臀部

埃里克从最近照的 X 光片中发现，他的脊椎退化的程度跟他在 19 岁时因背痛就医时的情况差不多，脊椎退化并未痊愈，椎间盘仍受到压迫，但差别在于疼痛消失了，他变得更强壮更灵活，身体达到了有生以来的最佳状态。

同样，彼得在改变他的动作模式之后，不论是长跑、高强度自行车骑行或激烈运动后都不会再受伤，核心基础运动还拯救了他的关节。

我们及全体学员的经验清楚地显示了核心基础运动是有效的。只要学会用正确的方式做动作，加强锻炼全身尤其是臀部，学会用臀肌与大腿后侧肌肉群分担脊椎和身体正面承受的压力，就能控制慢性伤害。

一般人为了去除疼痛，不是求助医生或物理治疗师，就是服用医师开的药方上的药或市售止痛药，再不就是自己进行冷敷。如果能够学会将核心基础运动融入到日常生活中，便不只可以消除原本让你饱受折磨的疼痛，还能预防疼痛复发。

前一章中，我们已经上过脊椎解剖速成课程，现在要开始让大家了解核心基础运动的动作是怎么做的，首先从臀部弯身开始。

健康的脊椎会让每一个可动部位流畅地完成整个动作，脊椎在做动作时应保持不移动、不滑动，才不会牵扯到引发背痛的组织。人体原本就设定由肩膀、臀部、膝部和脚踝负责身体的转动，所以脊椎应保持稳定，脊椎骨的活动应降到最低。

核心基础运动的核心精神就在于，由臀部的关节（而非脊椎）负责展现身体的灵活度以及进行前弯动作。若是从腰部往前弯，会扭曲脊柱的自然曲线，造成部分脊椎骨过度伸展，另外一部分脊椎骨则伸展不足。

当身体向前弯时，脊椎应如图4-1所示，维持自然的S形。为了使脊椎获得良好支撑以避免受伤，背部必须从臀部到颈部呈一条直线伸展，由髋关节负责完成前弯的动作。

这种前弯的方式可使椎间盘避免受到压力，改由脊椎周围的肌肉承受压力，它们会形成一个稳固的支架支撑脊椎，

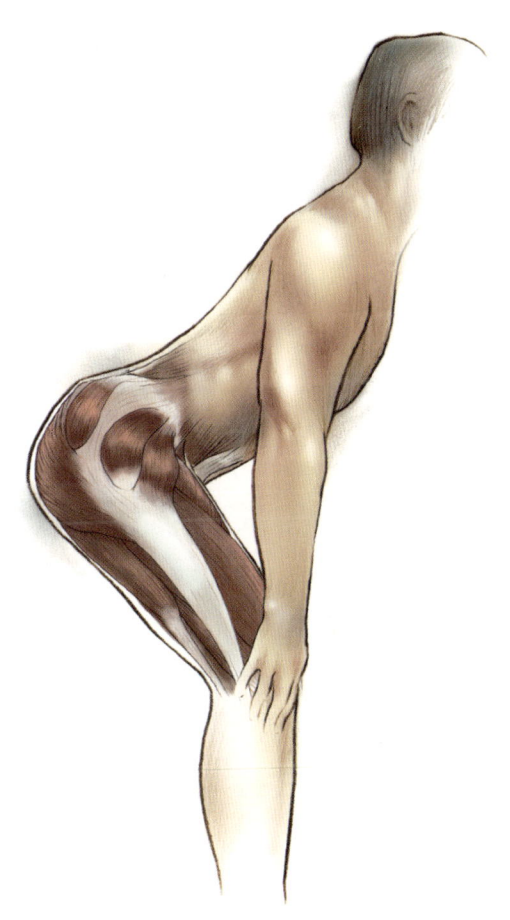

图4-1　背部保持伸展，身体由臀部向前弯

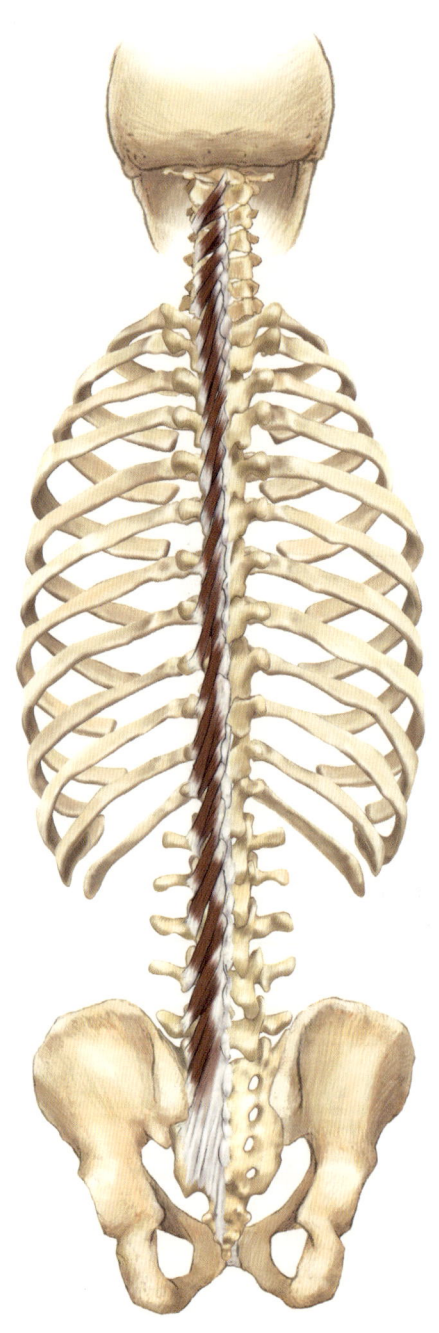

图 4-2 多裂肌

这就是我们要重新定义身体核心的原因。当你导正了错误的动作模式后,身体受到的所有张力、压迫及摩擦,全都会由臀部及身体背侧的肌肉群承担。所以,当你在练习核心基础运动的动作时,就应该启动动作真正的发源地——脊椎或骨盆周围的强健肌肉群。

4.2 稳定脊椎,使身体更有力

在脊椎周围众多的肌肉群当中,核心基础运动特别着重锻炼其中三个肌肉群——多裂肌(multifidi)、竖脊肌(erector spinae)以及腰方肌(quadratus lumborum),因为它们负责在脊椎伸展时提供良好的支撑。当错误动作模式压迫到脊椎时,会造成这些肌肉过度工作。

不良的姿势与动作会使上述肌肉群在支撑脊椎时承受很大的压力,但只要将背部肌肉锻炼得更强壮,你的脊椎就能放松,大腿后侧肌肉群就会拉长,臀肌的动作就会更有力,身体也会自然伸展。多裂肌、竖脊肌、腰方肌,再加上位于相邻脊椎骨间的旋转肌(rotators)和棘间肌(interspinales),会在身体伸展时支撑脊椎,使你能够适当地做动作。所以,只要把压迫从椎间盘转移到脊椎周围的肌肉群,就能减轻疼痛。

短小的多裂肌——你不知道它有多重要

多裂肌是由许多条分开的小肌肉组成的，直到最近才被认为对背部健康有重要的作用。多裂肌位于脊椎的深层，排列于脊柱两侧的沟内，每一条小肌肉皆跨过三个关节，虽然是短小结实的肌束，却是人体背部最强壮的肌肉群，能够为脊柱提供稳定的支撑（可参见图4-2）。

多裂肌有个非常独特的功能，它们会预测动作并在动作发生前先稳定脊椎，使脊椎保持稳定且躯干挺直。

这样的结构使它们拥有超强的支撑力，并且可以去除椎间盘受到的压迫，平均分散体重。

近期研究发现，背痛患者使用多裂肌维持脊椎正位的能力较一般人差。有下背痛困扰者，其多裂肌预先收缩的功能会变弱或消失。

而核心基础运动可使多裂肌免于承受不当的压迫，以矫正前述功能失调的情况。

竖脊肌——良好姿势的关键

竖脊肌起自胸椎后四段的脊柱，并从上腰部向上分出三群肌束，是由肌肉与肌腱组成的肌肉群，纵列于脊柱两侧的沟内（可参见图4-3）。

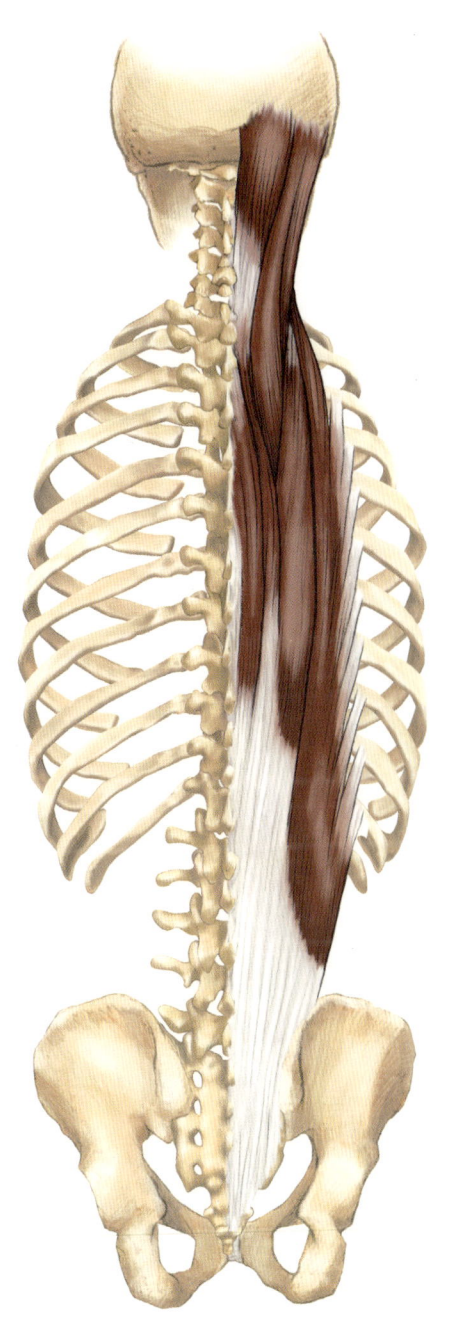

图4-3 竖脊肌

竖脊肌负责身体的伸展、侧弯及旋转，对于支撑人体、展现良好的姿势起到关键作用。

腰方肌——现代人过度使用

腰方肌位于腹腔后壁腰椎两侧，能保持骨盆和腰椎稳定，并负责身体的侧弯及旋转（可参见图4-4）。由于大多数人工作的时间都是坐着，使得身体两侧的腰方肌必须不断地工作，才能让身体在没有下背部支撑时仍保持挺直，造成腰方肌使用过度而变短且紧绷。

如果你习惯跷腿而坐，也会增加腰方肌的负荷。当你把右腿跷放在左腿上时，你的身体会自然往左边倾斜，这时右侧腰方肌必须费更大的劲以保持上半身直立。

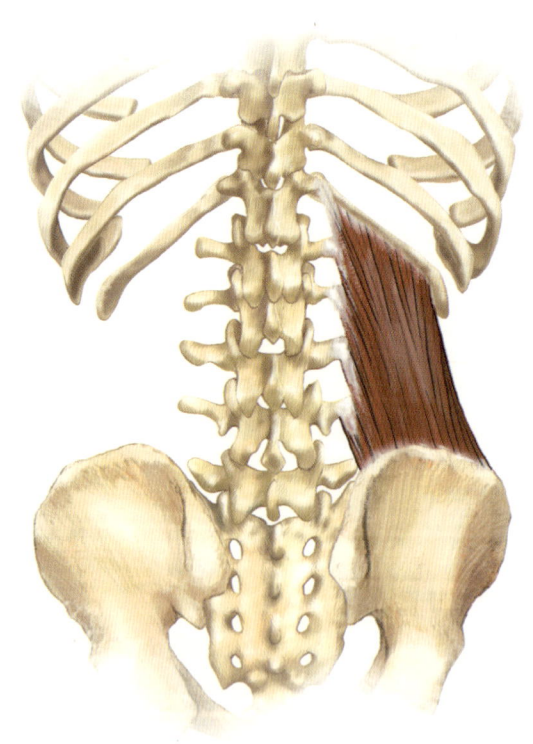

图4-4 腰方肌

身体不再僵硬、爆发力十足

职业网球选手亚历山德拉·史蒂文森（Alexandra Stevenson）

核心基础运动改变了我在职业网坛的表现，不但治好我的伤，并且还提升了我重返球场后的表现。自从我在1999年（也就是我18岁那年）参加温布尔登网球公开赛正式转战国际职业网球赛一直到2010年，我曾数度受伤，也动过多次手术，更历经长达三年的复健。幸好后来遇到了彼得与埃里克，我的人生终于又从黑白变回彩色了。

在我进入职业网球赛的前五年，我在世界女子网球协会的排名都在前100名以内，我在18岁时从会外赛一路打入准决赛也创造了当时的纪录。

我在球场上总是全力以赴，并以发球强劲而闻名：第一发球时速达192千米/小时，第二发球时速也有168～184千米/小时。不用参加比赛时，我的生活就是周而复始的训练、跑步、举重、伸展，在我进入职业网球赛的前五年，根本没有私人生活，因为我全身上下都是伤。

美国ESPN体育频道（Entertainment and Sports Programming Network，即娱乐与体育节目电视网）有一张我18岁时的档案照，照片中的我正从练习场离开，右肩挂着一个冰袋，两个膝盖和大腿也都绑着冰敷包。教练告诉我，继续练习举重、跑步及伸展，问题自然会迎刃而解。

2002年10月，我打进林茨（Linz）女子网球赛的决赛，那是世界女子网球协会赛季末的一项比赛，当时我的世界排名攀升到有史以来的最好成绩——第18名，但问题是我左大腿的内收肌拉伤了，第一节荐椎关节也受伤了。决赛吸引了5000名观众，无论如何我必须出赛，训练员把我全身贴满绷带，简直像个木乃伊。但那场比赛我终究还是输了，比赛结束时，我的身体没办法向左边转，手臂也完全失去知觉。我带着漂亮的亚军奖杯，拖着伤势严重的身体回家，没有人知道我下一步该怎么办，所以我只好继续伸展、冰敷、举重以及跑步。

第二年在温布尔登网球公开赛某场比赛的第二回合，我的手臂突然像有电流窜过般,根本没办法抬起手臂发球,原来是肩关节盂唇撕裂。我的右臂如同棒球投手的右臂一样重要,所以只好动手术治疗右臂。但是经过强化复健后,我的肩膀仍旧无法运动自如,我实在不想再动第二次手术了,于是展开了一项长达三年的复健计划。2009 年时,我的脚也受伤了,大腿内收肌的问题持续干扰着我。

幸好我开始接受彼得的训练,之后他介绍我认识了埃里克并开展了核心基础运动,结果这套运动大大改变了我在球场上的表现。我的正手击球动作变得更流畅,接短球的跑步速度变得更快,我甚至觉得自己又长高了。我的发球速度又回到 192 千米/小时,但最大的改变是我的第二发球,它现在成了我比赛时的最强武器。

我早上起床时身体不再僵硬,下背部也没再疼过,原本臀部周围的肌肉很紧绷,现在也放松了。我不但可以上场打球,而且动作流畅,第一发球强劲,能够轻易大步快跑接球或击球。我的肩膀也不会在比赛中或在练习时变得僵硬,全身上下都能随心所欲地活动。

核心基础运动帮我赢得事业第二春,使我不再动不动就受伤,在球场上更能展现爆发力十足的动作,并且消除了我的全身疼痛。2011 年秋天我到医院做检查时,医生说我的肩膀不只有力且协调性佳。核心基础运动是保障我的身体健康强健的大功臣。

髂腰肌愈紧,脊椎愈无力

髂肌(iliacus)与腰大肌(psoas muscles)共同合作,就可发挥犹如第二条髋部屈肌的功能。因它们的终点都在同一条肌腱上,所以统称为髂腰肌(可参见图 4-5)。髂肌的主要功能是稳定骨盆与臀部,腰大肌则与髋关节屈曲有较大关系。

紧绷的髂腰肌并非背痛的来源,而是脊椎无力的一个症状,所以光靠伸展、按摩或其他方法处理,无法消除疼痛或产生明显的改变,唯有

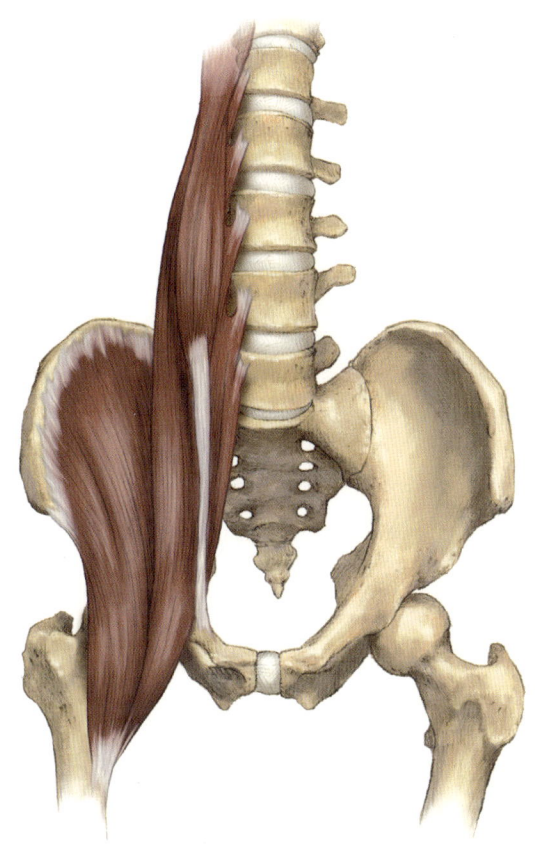

图 4-5　髂肌与腰大肌

强化背部伸展肌群才能真正治本。

当髂肌够强壮且收缩正常,深蹲时扩张的骨盆是放松的,但如果你在深蹲时髂肌痉挛,过多的压力就会落到膝盖。尤其是髂肌衰弱无力时,如果不按着膝盖往臀部外侧推就没办法做深蹲的动作,你会发现你很难从站立姿势直接把臀部向后移动到脚跟上方,所以重量会从臀肌转移到力量弱很多的股四头肌以及位于大腿正面的膝关节。

腰大肌是很重要的髋屈肌之一,所以常跟慢性背痛有关。腰大肌的起点在第十二胸椎至第五腰椎横突的位置,当它弯曲时,会将脊椎往下拉或是将臀部往上提。

如果脊椎强而有力，当你抬高臀部时，脊椎仍能保持挺直；但如果脊椎衰弱无力，那么你的臀部和脊椎会同时弯曲，引发严重的疼痛。所以，腰大肌紧绷常被视为造成背痛的元凶，医师也会特别针对腰大肌进行治疗，殊不知加强背部力量才是关键。其实，腰大肌紧绷通常是因为支持肌群太弱从而导致脊椎过度弯曲而产生的一种反应，紧绷的髋屈肌会将骨盆过度往前拉，加剧腰椎的自然前凸。

核心基础运动解决腰大肌紧绷的方式是强化与腰大肌相拮抗的脊柱伸肌群，当这个肌肉群变得更强而有力时，腰大肌就不会再痉挛并回复伸展的状态。放松的腰大肌能在臀部前弯时保持脊椎伸展，多多伸展脊椎能减轻疼痛并使背部发达有力。

整天久坐少动的生活形态会使髋屈肌挛缩，进而影响下背部，收缩的髋屈肌会牵拉到因为久坐少动而变得衰弱无力的臀肌，使你的下背部与大腿后侧肌群被迫代偿，核心基础运动以锻炼身体后方肌肉群来解决这个问题。

4.3 臀肌，双足站立的支撑

臀部的肌肉有三块：臀大肌、臀中肌和臀小肌。臀肌撑起我们的躯干，使我们得以靠双足站立而非四肢爬行。

一般而言，臀肌无力会使屈肌和内转肌紧绷，髂肌和腰大肌则是防止发生臀肌无力症候群的第一道防线。当臀部因自我保护而收缩时，会造成脊椎和荐骨弯曲。打造背部伸展肌群和臀肌的肌力，才能支撑脊椎并使脊椎保持伸展。

臀大肌——最强壮的肌肉

为了让身体最大且最强壮肌肉之一的臀大肌能够完全收缩，腰椎必须顺着它天生的前凸曲线做伸展。前文提过，若髋屈肌紧绷，人体在做动作时背部便无法保持平直或微屈；若臀肌能完全收缩，则会减少臀部、膝盖和脚踝受到的压迫，每一个站立的动作都会受到正面的影响。当腰椎伸展且臀肌收缩时，会拉长和放松髋屈肌，髋关节受到的压迫最小，膝关节也不会受到位于前部的关节的压力，膝盖罹患退化性关节炎的可能性很小。

臀中肌与臀小肌——稳定臀部

臀中肌是臀外展肌的主要肌群之一，臀外展肌可将腿部从身体的中线往两侧拉。当两脚站立在地面上时，臀中肌与臀小肌会支撑骨盆以及稳定臀部。

臀中肌在背痛诊断中不可或缺。当臀中肌无力时，不论是站立、走路或跑步，骨盆与臀部都无法维持重心平衡，造成站立或走路时，脚会像鸭脚一样弯折。

臀小肌也是臀外展肌之一，形状近似扇形，协助大腿的外展、侧抬与内旋，并从外侧支撑稳定骨盆。

4.4 大腿肌群——与臀肌共同合作

大腿后侧肌群由三组强而有力的肌肉组成，它们附着于臀肌之下，不需臀肌的协助就能撑起躯干。一般的训练方式皆以脊椎弯曲的坐姿收缩大腿后侧肌群，但这样不是正确使用大腿后侧肌群力量的方式。

想要借由健身房的屈腿训练机强化这组重要的肌肉群，其实是自找麻烦，因为它们明明应该通力合作，你却故意要它们各自为政。核心基础运动注重整合动作，同为身后肌肉群成员的大腿后侧肌群与臀肌本当合作，以产生最大的力量与最低的受伤风险。就像我们在核心基础运动中教导的一样：当臀部与膝盖都微弯时，大腿后侧肌群就可以延展躯干；当你的脊椎强而有力时，这个动作就产生了全新意义。

而腿部内侧的三组内收肌群负责将大腿互相靠拢（可参见图4-6），当内收肌群过度用力时，外侧的臀肌会被迫用力。常见的髂胫束摩擦综合征，就是因内收肌出问题而出现的一种反应，当髂胫束太过紧绷，可能会造成膝盖外侧疼痛。

当你挤压内收肌群时，会将骨盆往下拉，减少椎间盘间的压力。核心基础运动的许多运动招式都会用到内收肌群以保持身体稳定。

当内收肌群太紧绷、无力或是长期痉挛，你的背部和膝盖内侧就会受伤。伸展及强化内收肌群不但可以改善动作，而且还能减轻背部与膝盖的疼痛。身体的动作原本是由大肌群负责的，如果我们不恰当地使用大肌群，小肌群就会被迫承受过多的压力而引发疼痛，这套运动就是教大家如何正确使用大肌群做动作。

4.5 更强壮有力，不再痛的正确运动法

有了这些背景知识后，大家可以开始"动工"了。现在大家应该明白做这些运动的目的了，所以做动作时，请记得启动正确的肌肉。

别担心，并不是非得拥有解剖学的高等学历或是记住这些艰涩的名词才能开始训练，在接下来的章节中我

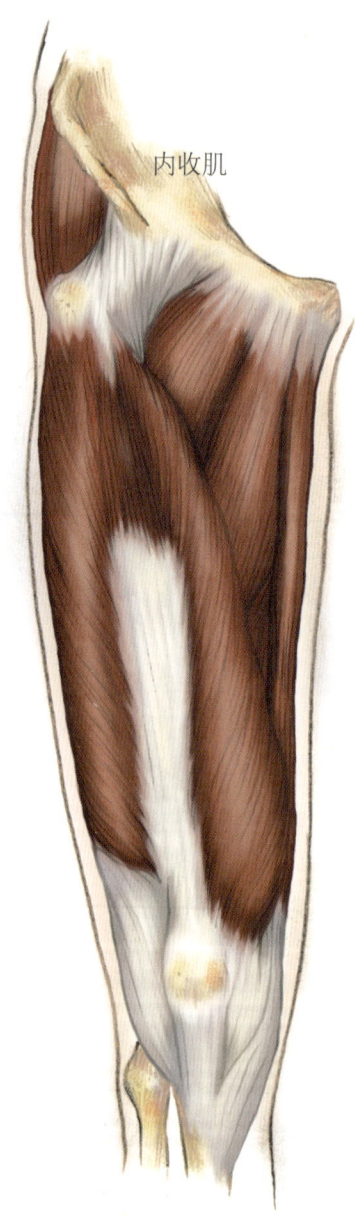

图 4-6　内收肌群

们会提醒及示范动作,让大家明白你所做的每个动作应该用到哪些肌肉。我们会陆续介绍难度渐增的动作,请准备好迎接这套能够让你摆脱疼痛并令你变得更强壮有力的运动吧!

第5章
练习5大基本招式，轻松完成所有运动

次数：整套动作需重复3次　　时间：15～20分钟

突然出现急性背痛的人，通常只想赶快躺下来休息。身体痛得要命时，我想谁都不敢乱动，只怕伤势变得更严重。急性伤害通常需要休息一两天，病情好转后最困难的就是踏出第一步，因为身体在受伤的情况下很不容易做动作，可是正确的动作方式却是重拾健康的最快途径。

一般而言，为了防范伤势恶化，医生通常会要求患者躺在床上休息，并严禁从事任何活动。我们不敢断言这是错误的做法，但它真的无益于加快痊愈。虽然我们的理论看起来似乎有违常理，但在疼痛还没好的情况下适当地动一动，其实是帮助你复原的最佳治疗法。因为一直躺在床上不动，只会使肌肉变得更软弱无力，而且疼痛其实就是你为肌肉无力付出的代价。

虽然疼痛是由肌肉痉挛造成的，但肌肉痉挛其实是一种警讯，告诉你身体出问题了！因此，背部痉挛可以说是人体的防御机制，背部肌肉收缩就是为了防止问题变得更严重。

要让肌肉放松唯一的方法就是动，将背部受伤或发炎部位承受的压迫功能性地转移到原本负责承受这份压迫的身体后方肌肉群，才能有效消除背痛。

如果你是第一次出现背痛的情况，而且搞不清楚哪里出了问题，最好先让专科医师或是脊骨神经医师检查并确认状况后，再开始接受核心基础运动或其他健康养生方法。

核心基础运动包含3套各为期两周的体能训练，分别处理不同程度的背痛和复健，所以难易程度不同，它包括舒缓急性背痛的基本招式、消除慢性背痛的进阶招式以及不痛时用来强化身体以及预防背痛复发的加强版招式。另外，还有两个加强身体柔软度的招式，针对臀部、骨盆以及大腿部位的紧绷和疼痛进行锻炼。

这3套体能训练的目的是打造一层又一层的强健肌肉，稳固支撑你的脊椎以及伸展身体正面的肌肉。这些运动的设计目的是要让身体后方肌肉群通力合作，做出整体协调且强劲有力的动作。

5.1 找出身体最紧绷的地方

接下来要进行的是身体重量训练，它们是为了强化与挑战背部肌肉而设计的。核心基础运动与传统重量训练的差别在于，我们的动作是以平和顺畅的方式进行的，重复完成规定的次数，有助于提升身体肌力与柔软度。

基本招式的动作都很简单，不过刚开始练习时，可能还是会不太习惯甚至手忙脚乱，因为这些都是你平常不太使用的肌肉，所以身体难免会摇摇晃晃、抖得厉害。不过不必担心，即便是体能最强的选手，刚开始做这套训练时也会抖，而且他们也跟大家一样，都是从基本动作做起的。

虽然这些动作很容易学，但其实它们是有难度的，如果每个动作都做到位，做完后你会觉得"累极了"。当然你也可以草草了事，但这么一来就无法获得全部的好处。

我们区分各套练习难易度的标准，是根据肌肉处于张力状态下的时间以及肌肉被"操练"得多厉害。找出身上最紧绷的点然后加以"操练"，只有让自己变得更强壮才能去除疼痛。努力练习并留意呼吸，深呼吸能够帮助身体保持在伸展状态。

前两周的基本运动将焦点完全放在背部与髋部。借助松开髋屈肌，能够正确地从髋部做转体动作。这5个基本动作将为高阶动作打造必要的基础和力量，因此你花愈多时间认真锻炼基本肌力和耐力，运动的好处就能持续愈久。我们建议大家每周至少抽出3天时间，每次花15～20分钟做这套基本体能训练。

5.2 复原身体最健康的力量

好的锻炼成果来自于每个动作的正确度,我们会通过图片示范,排除每一个动作的疑难,提醒大家注意常犯的错误,避免运动成效打折扣。我们还会用照片显示各个动作用到哪些肌肉群,清楚呈现身体的哪些部位应该感受到张力。

只要花点时间学会这些基本动作,你便永远都不会忘记,就像你学会骑脚踏车后,即使很多年没骑了,你的身体还是会记住怎么骑。只要持续进行两周,你就会感觉到身体做动作的方式跟以前大不相同,背痛也大幅减轻。

若不是亲眼见识到每位学员的惊人成果,我们是不敢如此断言的;就连他们自己对于这么快显现运动成效也感到难以置信。几乎每一位学员都表示,他们感觉身体脊椎周围的肌肉好像变成了一副稳固的支架,大腿后侧肌肉也比以前更强壮、灵活,觉得身体复原到最健康的状态了。

这些基本动作就是要快速消除疼痛,一旦疼痛解除,就可进入下一阶段,锻炼肌力以及开始进阶版动作。如果你在练习两周后并不觉得有什么改变,而且问题不是出在动作不正确,那你最好还是找医生看看。

大多数的复健方法都把焦点放在某个肌肉或是某个动作上,但是核心基础运动的基本 5 招式则是着重于整体动作而非某一两个关节,这么

打造最健康、最厉害的状态

电影演员罗伯·洛(Rob Lowe)

我想跟大家分享,这些人打造了一套很厉害的东西。等你开始练习之后,你才会明白身体重量训练可以把身体锻炼到多么强健的地步。现在的我不仅处于有生以来最健康的状态,而且整个身体的动作和感觉都不一样了,不管做什么事,我都觉得比从前更厉害了呢。

做有助于启动所有相关肌肉的协同动作。

做基本招式时,每个分解动作的衔接都应自然流畅,如行云流水般连续进行。肌肉是有记忆的,这套训练能够巩固与强化这份记忆,你所做的5大基本运动,会延续到你一整天所做的每一个动作中。记住,所有动作需重复做3次,才算完成一整套练习。

5.3 基本第1式:基础式

基础式是核心基础运动所有动作的基础,这个招式能强化脊椎最深层的肌肉群,负责在脊椎伸展时稳稳撑住脊椎,矫正我们的动作模式,同时在动作转换时顺畅衔接两个动作。

这个动作会用到整个身体后方肌肉群,你将启动臀肌和大腿后侧肌肉群,活络整个背部

基础式 8 大步骤图解

❶ 两脚打开与肩同宽,膝盖微弯,重心落在脚跟,从臀部用力伸展脊椎。

❷ 两手向后伸,肩膀朝臀部方向往下压,然后再将臀部往后推,感受到下背部的张力,保持此姿势15秒。

❸ 保持同样姿势，双手尽量向上方举起，重心仍在脚跟，臀部继续向后，保持姿势15秒。

❹ 深呼吸，吐气时上半身朝地面往下弯，背部保持平坦不可弓起。双膝微微弯曲，重心仍在脚跟，伸展时深呼吸两次。

❺ 特别注意：再将膝盖多弯曲数厘米，双手按压在小腿上，抬头挺胸，伸展脊椎。肩膀往后，下背部拱起，保持姿势15秒。

❻ 背部保持伸展状态，双手轻移至膝盖上。

第 5 章 练习 5 大基本招式，轻松完成所有运动 071

❼ ❽

❼ 双臂往后伸，用力将肩胛骨向后靠拢，回到步骤❷的位置。脊椎保持伸展，重心落在脚跟，保持此姿势 15 秒。

❽ 双臂尽量向上高举，保持这个姿势 20 秒或是深呼吸 4 次。

达到完美动作的诀窍

- 抬头,眼睛直视前方。
- 挺胸,臀部往后推,腰椎自然伸展。
- 重心落在脚跟。
- 臀部尽可能往后推,但要注意别摔倒了。
- 双臂向上高举时,要紧贴耳朵。

小心,这样做就错了!

- 低头,眼睛往下看。
- 双膝过度弯曲,膝盖最前方超过脚尖。
- 重心落在前脚掌。
- 双臂张得太开。

5.4 基本第 2 式:背部伸展式

这个招式应重复做 15 次,可以运动到支撑脊椎的竖脊肌和多裂肌,使背部得到强而有力的伸展。做此招式时应将手肘尽量朝向臀部的方向拉伸抬起,可紧实中背、稳定脊椎底部的肌肉。

背部伸展式动作借由挤压肩胛骨使背部反复收缩与放松,封锁疼痛感受器(pain receptor)并稳定脊椎底部的肌肉,这也是消除背痛的效果最好的一个招式

背部伸展式 4 大步骤图解

❶

❷

❶ 俯卧在地上,双臂向前伸直,眼睛看向前方数厘米处,但不要为了直视前方而牵拉颈部。

❷ 双手收回到肩膀处,抬起手肘微微离地,利用肩胛骨的力量,将手肘往胸廓也就是中背处拉伸抬起。整个招式都要用力收缩肩胛骨,抬起胸部,拉长颈部。

第 5 章 练习 5 大基本招式，轻松完成所有运动 075

❸

❹

❸ 用胸部的力量抬高上身，微微离地。双脚继续平放于地面上，以免脊椎受到过多的压迫。

❹ 胸部慢慢放下来，但手肘与前臂保持离地。最后再回到步骤❶，重复这套招式 15 次。

达到完美动作的诀窍

- 脚尖不可离地,保持触地姿势。
- 前臂与手肘紧贴身体两侧。
- 手肘用力往后抬高。
- 脊椎保持平直。
- 肩膀不可耸起。

小心,这样做就错了!

- 双臂太往前伸,手肘没有紧贴身体两侧,造成肩膀耸起、腰椎承受的压力过大。
- 抬高背部时,双脚跟着一起抬高。

5.5 基本第3式：内收肌辅助的背部伸展式

这个招式会动用好几个重要的部位：内收肌、竖脊肌、臀肌以及大腿后侧肌群。独特的地方在于：借由收缩内收肌达到牵引骨盆与腰椎的效果，有助于减轻下背部受到的压迫。

内收肌辅助的背部伸展式借由抬高与夹紧腿部，使大腿内侧的内收肌带动背部伸展。由于内收肌群起自骨盆，收缩内收肌群可将骨盆往下拉，减轻下背部所受的压迫

内收肌辅助的背部伸展式两大步骤图解

❶

❷

❶ 俯卧在地上,双手掌心贴地,放在肩旁。之后,将双手手肘往后朝胸廓拉伸抬起,双臂离地,两腿与膝盖皆保持并拢。

❷ 膝盖往上弯曲45°,尽量用力并拢膝盖及小腿。然后把双脚往下放至离地15厘米处,胸部尽量抬高,双脚仍旧离地15厘米,保持此姿势10～20秒。膝盖靠得愈近,运动效果愈好。

达到完美动作的诀窍

- 当你用力把膝盖紧紧靠拢时,可得到最佳的运动效果,但大多数人只是把膝盖弯曲,并将双腿抬高离地。
- 双腿必须弯曲,并且离地15厘米。
- 你的视线应落在前方数厘米处,避免过度伸展颈部。

小心,这样做就错了!

- 双臂太往前伸,而且手肘没有紧贴身体,造成肩膀向上耸起,导致下背部承受的压力大增。
- 膝盖与双脚未并拢,使运动效果大打折扣。

5.6　基本第 4 式：跪姿基础式

　　这个动作也称儿童式，它教导身体如何从屈曲变成伸展。这个动作首先使背部呈现前屈伸展，然后主动收缩身体后方肌肉群。当你举起手臂时，可使下背部获得伸展。你将学会用髋关节做弯曲的动作，效果更好，能够更好地伸展下背部的肌肉；但如果膝盖会痛，建议不要做此动作。

跪姿基础式会用到竖脊肌、臀肌和腰方肌，目的是使身体学会从屈曲变成伸展的正确方式

跪姿基础式 6 大步骤图解

❶ 俯卧在地上，双手掌心贴地，放在头部两侧。

❷ 膝盖弯曲，臀部往后靠，直到坐在脚后跟上为止。

❸ 保持这个姿势 20～30 秒。

❹ 挺起胸部,臀部继续坐在脚后跟上。

❺ 臀部往上提、离开脚跟,胸部向上挺,背部保持伸展状态。再将双臂往后伸,肩膀朝臀部方向下拉,胸部用力往前挺,保持此姿势 10 ~ 15 秒。

❻ 双臂慢慢向上高举过头,并且保持背部与臀部的稳定,稳住身体,保持此姿势 10 秒。

达到完美动作的诀窍

- 抬头，眼睛直视前方。
- 挺胸、用力将臀部往后推，使腰椎自然伸展。
- 臀部保持往后推的姿势，位置约在脚后跟斜上方。
- 双臂高举时，请贴近两耳。

小心，这样做就错了！

- 背部弯曲，伸展力道不足。
- 臀部太过前倾。
- 躯干直挺而非前弯 45°。

5.7 基本第5式：弓箭步伸展式

我们很喜欢以弓箭步伸展式作为基本招式的收尾动作，因为它能打开你的身体，并使背部整天都保持自然的曲线。

弓箭步伸展式可以有力伸展常引发背痛的髂腰肌与腰方肌

弓箭步伸展式 3 大步骤图解

❶ 右脚往前跨一大步呈弓箭步，膝盖微弯。注意右脚膝盖要在脚踝后方，不能超过脚尖。左脚朝向前方，脚后跟向地面下压。

❷ 双手向上高举过头，从髋部去伸展脊椎。当你伸展时，可以感觉到位于后方的左腿髋屈肌（大腿上方接近臀部）有一股牵拉的力量。

❸ 将上半身向右弯,左腿保持不动,脊椎保持伸展状态,髋部保持方正位置,保持此姿势 20 秒。再换一边重复相同的伸展动作,这次换左脚向前屈膝、右脚向后伸展、上半身向左弯,保持此姿势 20 秒。

达到完美动作的诀窍

- 背部呈伸展状态。
- 双臂伸直高举。
- 肩膀下沉，不要耸起。
- 做出弓箭步的那只脚的膝盖位置要在脚踝的后方。
- 当上半身侧弯时，髋部仍需保持方正，不能跟着弯向一边。

小心，这样做就错了！

- 身体的重心往前移，落在做出弓箭步的那只脚的脚掌上。
- 肩膀耸起。
- 过度弯曲做出弓箭步的那只脚的膝盖，位置超过脚尖。
- 髋部未保持方正。

5.8 两周启动正确肌肉群

以上就是前两周的训练内容，当你做完第 5 式时，请再回头从第 1 式开始依序完成 5 个动作，总共重复 3 次。或许大家会觉得奇怪，为什么一直重复这些简单的动作？这是为了要让大家熟悉所有的动作，并做好学习更高阶动作的准备，因此请务必认真练习这些基本动作。

有些人可能觉得这些动作看起来没什么挑战性，但如果大家能把动作做得很到位，立刻就会明白它们其实是很有挑战性的。这些动作锻炼了负责支撑脊椎的肌肉群，当你在做这些动作时，会感觉到身体后方肌肉群被启动了，当你明确感觉到它们在身体里的位置时，你就会明白我的意思。我们已经看见过好多人，在启动正确的肌肉群时，脸上露出了"原来如此"的神情。

请将这套运动融入到日常生活中，有很多学员每天早上一起床就开始做这套运动。短短两周，你就会注意到身体疼痛减轻了，背部变得更强壮，体态也改变了，而且不当的姿势（如弯腰驼背）会开始让你感到不舒服。如果两周后你觉得没有任何改善，就应该认真评估是不是动作做得不到位，并留意我们为每个动作所做的特别提醒。如果你确定动作没错却没有效果，请尽快就医，因为或许有其他病症需要医生进一步诊治。

当你的急性疼痛没那么严重时，可以用比较简单的运动做辅助，例如走路、骑自行车等。当你成功地改变了动作模式，就会让身体后方肌肉群做它们原本该做的工作，并移除脊椎承受的不当压迫和摩擦。请准备好迈向下一章难度更高的进阶级运动吧！

第6章
进阶7招式，体能更上层楼！

次数：整套动作需重复3次

时间：30分钟

我们设计进阶运动的目的是要帮助大家解决持续的或反复发作的疼痛，这套动作能舒缓让人行动不便的恼人背痛，还给你行动自如的自由。虽然想要永久远离疼痛的想法不切实际，但是当身体锻炼得愈强健，你对于疼痛的适应性会愈强，即使日后背痛复发，你也能很快控制住状况。

6.1 感觉肌肉正在伸展并做动作

进阶运动比基本版多了两个动作，而且提高了强度和难度。这套动作能够强化肌肉，因为拉大了动作的扭力和角度，更可以提升肢体灵活度。

当你完成了两周的进阶运动后，你将更加清楚地意识到背部肌肉的存在以及自己是如何使用它们的。很多学员告诉我们，他们有生以来第一次意识到腰椎肌肉是如何做动作的。

请重复这整套动作3次，大约30分钟可以做完。当你在做运动时，请特别留意身体哪个部位特别紧绷。现在，你已经学会5个基本招式了，请试着把每个动作做得更深入一点，例如臀部尽量再往后推，手臂再抬高一点，再多用点力收缩下背部肌肉。

如果你在做伸展时，感觉肌肉受到拉扯，不妨做个深呼吸，然后尽量再往前弯一些，尽力挑战自我，绝对会让你大有收获。

6.2 进阶第 1 式：基础式

完整的 8 大步骤图解，请参见第 068 页。

启动臀肌和大腿后侧肌肉群

6.3　进阶第2式：深蹲式

有助于锻炼臀肌与竖脊肌

深蹲式 5 大步骤图解

深蹲式是一项非常简单易学的动作,但效果却出人意料的显著,可以帮助你锻炼你的臀肌与竖脊肌。这个招式,需重复 10 次。

❶ 双脚打开,略宽于肩膀;重心落在脚跟,用力使脚跟贴地,好像要把地板分开似的。

❷ 臀部向后推,双臂向前伸,背部保持伸展。

❸ 臀部继续向后下方下压，带动双膝弯曲呈蹲马步姿势，感觉自己的臀屈肌在帮助身体往下蹲。

第 6 章　进阶 7 招式，体能更上层楼！　097

❹ 身体继续下压，直到膝盖弯成 90° 为止，注意膝盖不可超过脚尖。

❺ 脚跟用力，站直身体，回到一开始的站姿，双手自然垂放在身体两侧。再以流畅的动作，重复此招式 10 次。

达到完美动作的诀窍

- 背部微屈。
- 挺胸。
- 臀部用力向后压。
- 重心落在脚跟。

小心，这样做就错了！

- 重心落在脚尖。
- 背部拱起。
- 脊椎太弯。
- 膝盖过度前弯，超过脚尖。

6.4 进阶第 3 式：啄木鸟式

啄木鸟式会用到你的臀肌、大腿后侧肌群和竖脊肌，因为动作的焦点在上部的大腿后侧肌，所以能有效去除膝关节所承受的压力。

啄木鸟式的目的是要教大家正确使用上部大腿后侧肌，减轻膝关节所承受的压力。如果动作做得正确，效果会非常惊人

啄木鸟式 5 大步骤图解

❶ 左脚向前跨出一大步呈弓箭步,膝盖微弯,臀部保持方正,双手放于身体两侧。

❷ 背部保持平直,肩膀往后挺,身体由髋关节向前弯。双手向前平伸,仿佛有条绳子系住你的胸骨似的,使你的上半身被往前拉而不是往下拉。你能感觉到这个动作会拉伸到左腿上部的后侧肌肉群和臀肌。

第 6 章　进阶 7 招式，体能更上层楼！　101

❸ 当你感觉肌肉获得良好的拉伸时，试着用力让左脚脚跟贴地，使臀肌和上部的大腿后侧肌收缩，再将双手慢慢高举过头，保持这个姿势 20 秒。

❹ 手臂向后摆，进一步伸展你的脊椎，如同基础式一样地伸展。

102　核心基础运动

❺

❺ 慢慢将双手向上高举过头,身体其他部位保持不动,保持 15 秒。

达到完美动作的诀窍

- 胸部抬高,肩膀往后。
- 身体由髋关节处往前弯。
- 臀部保持方正。
- 呈弓箭步向前弯的膝盖必须位于脚后跟上方。

小心,这样做就错了!

- 背部拱起。
- 身体从腰部往前弯。
- 臀部未保持方正。
- 呈弓箭步的膝盖过度向前弯,超过脚后跟。

6.5 进阶第 4 式:背部伸展式

在做背部伸展式时,需以更有力的方式做动作,以扩大伸展幅度。记住两脚脚尖要触地,重复此动作 15 次。完整的 4 大步骤图解,请参见第 074 页。

挤压肩胛骨,使背部反复收缩与放松

6.6 进阶第 5 式：内收肌辅助的背部伸展式

完整的两大步骤图解，请参见第 078 页。在进行步骤 2 的动作时，请保持此动作 20 ~ 30 秒。

借由抬高与夹紧腿部，使大腿内侧的内收肌带动背部伸展

6.7　进阶第 6 式：跪姿基础式

完整的 6 大步骤图解，请参见第 081 页。

利用竖脊肌、臀肌和腰方肌，使身体学会从屈曲变成伸展的正确方式

6.8 进阶第 7 式：弓箭步伸展式

完整的 3 大步骤图解，请参见第 086 页。请记住，每一侧的姿势都需大约保持 20 秒。

伸展常引发背痛的髂腰肌与腰方肌

第7章
加强版10招,疼痛不复发、动作更完美!

次数:整套动作需重复3次   时间:40分钟

在进行核心基础运动之前,你可能还半信半疑,但现在你应该已经克服了疼痛,或者至少让它"无法作怪"。所有学员进入这个阶段时,多半已经成为核心基础运动的忠实信徒,大多数人都觉得,自己此刻处于多年来最棒的健康状态,也很希望继续保持。

现在大家已经摆脱疼痛,身心获得释放,应该好好运用这得来不易的新能量。我们特别设计了一套总计10个招式、需时40分钟的加强版健身动作,让大家的体能状态能够更上一层楼。

7.1 带着力量去做各式各样的体能活动

这套加强版的动作核心就是力量,到了这个阶段,大家应该继续强化背部,预防背部再次受伤,因此这套运动的重点在于:重复锻炼能使背部保持伸展的臀部前弯动作,整套动作请重复3次。

完成了这6周难度逐渐提高的运动后,所有的学员包括我们,在做核心基础运动时从未遇到停滞期,而且每个人都觉得,每做完一套健身动作,身体就变得比之前更强壮。究其原因,是因为这些基本招式有无尽的变化,可提高挑战性,大家可以上我们网站 www.foundationtraining.com,搜寻变化了的版本。

在接受核心基础运动后,你的身体将更懂得如何应付受伤。当背痛复发时,只要视疼痛程度,做做基本式或进阶版的动作即可。当身体变得更强健有力,你还可以将核心基础运动中学到的动作原理,应用到其他训练方法和体育项目中,不论是举重还是骑自行车,或是各种球类运动,保证都能让你有更好的表现。

重伤后仍能东山再起

职业自行车选手卢卡斯·尤瑟（Lucas Euser）

我的人生在一场车祸后受到严峻的考验。当时我以 35 千米 / 小时的速度骑着自行车，被撞后我的膝盖骨裂成 3 块，职业生涯陷入困境。事情的发生只在短短一瞬间，我却花了好几个月才明白自己的伤势到底有多严重。虽然还可以走路，但我更关心的是能不能再参加职业自行车比赛了。

幸好我不是个自怨自艾的人，我努力将负面处境扭转为正面的自我激励，所以聘请了一组最高明的复健团队，其中包括物理治疗师、整脊师、针灸师以及医护人员，希望能够东山再起并且表现得更好。

我怀抱着这样的信念做复健，为自己开启了一扇机会之门。车祸后第 7 个月，我认识了彼得·帕克和埃里克·古德曼，他们是帮助我恢复健康的灵魂人物，核心基础运动助我重返职业生涯。

核心基础运动增强了我的爆发力、灵活度、协调性以及平衡感，复原的速度快得超乎我的想象。2009 年 12 月，我连上下楼梯都很困难，但是 2010 年 5 月我已经能够参加环加州自行车赛（Amgen Tour of California），这是北美地区规模最大的自行车比赛，吸引了来自全球各地的顶尖好手参加。我不仅按照预定目标完成了历时 7 天、总长 1306 千米的赛事，而且还顺利挤进了前 20 名。

从那时候起，我完全认同核心基础运动，并将它纳入到我的训练计划中。它不但帮助我东山再起，而且还治好了我长年忽视核心训练所造成的其他身体失衡毛病。所以，我鼓励大家像我一样抱持着开放的心态找人帮忙，你一定很快就能迎接更美好、更健康的人生。

7.2　加强第 1 式：基础式

完整的 8 大步骤图解，请参见第 068 页。

这个动作用到整个身体后方肌肉群，可以活络整个背部

7.3 加强第 2 式：深蹲式

完整的 5 大步骤图解，请参见第 095 页。建议你可以尝试蹲得更低一些，并且重复这个招式 20 次。

锻炼你的臀肌与竖脊肌

7.4 加强第3式：早安式

　　这个招式非常强调臀部前弯动作，同时也是核心基础运动中非常重要的一个招式，可以训练身体动得优雅而有力。动作重点就在于向下牵拉及收缩相同的肌肉群。一旦你学会了这个动作，你的人生就将会开始有所转变。这个招式请练习 15 次。

练习身体从臀部开始前弯的动作，运用臀肌和大腿后侧肌

第 7 章　加强版 10 招，疼痛不复发、动作更完美！

早安式 4 大步骤图解

❶ 双脚打开与肩同宽，双手十指交扣，置于胸前，用力把臀部往后推。

❷ 把臀部往后推，带动身体前弯，挺胸，背部保持平直，脊椎不可弓起，膝盖微弯，重心落在脚跟处。

❸ 挺胸，脊椎保持伸展，感觉到身体运用臀肌和大腿后侧肌的力量，快速回复站姿。

❹ 收缩臀肌，身体回到一开始步骤❶的姿势，重复这个招式14次。

达到完美动作的诀窍

正确的动作会用到你的臀肌与大腿后侧肌,你必须:

- 臀部用力往后推,带动身体前弯。
- 挺胸,背部保持伸展。
- 膝盖微弯,使大腿后侧肌施展全部的力量。
- 重心落在脚跟。
- 收缩臀肌使身体站直。

小心,这样做就错了!

- 身体前弯时,脊椎弓起。
- 肩膀高耸。
- 膝盖打直。
- 重心落在脚掌上。
- 身体回复站姿时,是由腰椎一节一节地打直的。

7.5 加强第 4 式：风车式

进行风车式时，会主动牵拉到大腿内侧的内收肌。如果把骨盆当做一艘船，内收肌就像是稳住船的锚。当内收肌因为久坐少动而紧绷时，会严重影响腰椎的动作，风车式就是最棒的矫正方法。

这个招式除了牵拉内收肌之外，还会运动到竖脊肌、大腿后侧肌、臀肌和腰方肌

风车式 4 大步骤图解

❶ 双脚尽量打开,双腿膝盖微弯,臀部往后推,重心落在脚跟,双手向后伸展,保持这个姿势 15 秒。

❷ 双手向上高举,重心仍落在脚跟,用肩膀的力量将背部往下拉。

❸ 肩膀保持伸展，背部打直，双膝微弯，身体向前弯，右手触地，左手臂尽量向上抬高，保持20秒。尽量保持骨盆的正位，所以双膝必须微弯，重心仍在脚跟。

❹ 再换左手触地，重心仍在脚跟，右手臂尽量向上抬，保持20～30秒。

达到完美动作的诀窍

- 身体由臀部向前弯。
- 伸展背部。
- 双脚尽量打开。
- 骨盆保持正位。
- 双膝微弯。
- 重心落在脚跟。

小心,这样做就错了!

- 身体从腰椎向前弯,且脊椎弓起。
- 为了保持平衡,双腿打得不够开。
- 骨盆前倾。
- 膝盖打直。
- 重心落在前方。

7.6 加强第 5 式：啄木鸟式

完整的 5 大步骤图解，请参见第 100 页。请记住，每一个分解动作都要用力收缩。

只要正确使用上部大腿后侧肌群，就能减轻膝关节所承受的压力

7.7 加强第 6 式：背部伸展式

完整的 4 大步骤图解，请参见第 074 页。记住两脚脚尖要触地。请重复这个招式 20 次。

消除背痛效果最好的招式

7.8　加强第 7 式：变化版撑体式

这个招式是撑体式（类似伏地挺身的准备动作）的变化版，会比标准版做得更深入，所以会动用到深层腹肌、腹直肌、多裂肌和髂腰肌的肌肉群。

借由改变动作的角度和分散重量，锻炼腹部与臀部较深层的部位。勤练这个招式可以建立骨盆的稳定度，并训练臀部独立运动，不会使脊椎弓起

变化版撑体式 3 大步骤图解

❶ 双手打直,双脚脚尖着地,身体呈一直线,臀部不可下垂,重心落在脚趾上。

❷

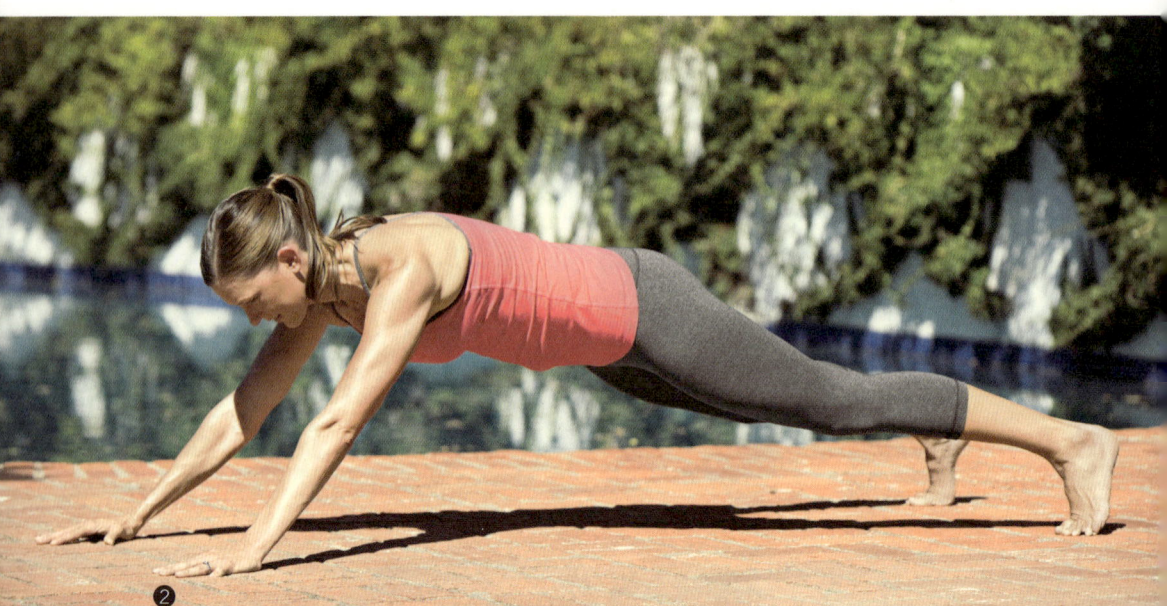

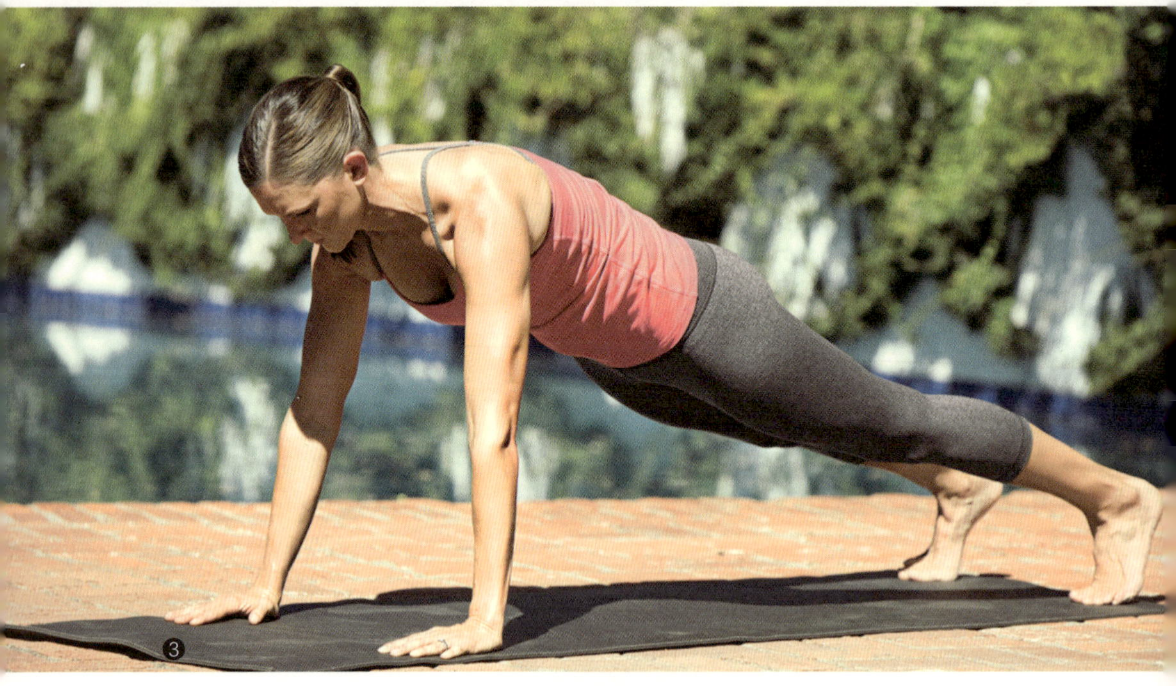

❸

❷ 双手慢慢往前“走”约 15 厘米，脚跟尽量往下压，臀部往下降 5 厘米，保持这个动作 30 秒。

❸ 双手慢慢往回“走”到肩膀正下方，回到步骤❶的姿势。

达到完美动作的诀窍

- 完美的撑体动作是要从耳朵到脚跟呈一条直线。
- 肩膀使劲撑住,腹部不可下垂,感觉臀肌与四肢夹紧。
- 手臂充满力量,十指张开触地,加强锻炼腕部的力量。

小心,这样做就错了!

- 耳朵到脚跟无法呈一条直线,肚子往下垂。
- 手臂力量不够而弯曲了。

7.9 加强第8式：内收肌辅助的背部伸展式

完整的两大步骤图解，请参见第078页。在做步骤2的动作时，请保持20～30秒。膝盖记得要夹紧，运动效果会更好。

收缩内收肌群可将骨盆往下拉，减轻下背部的压迫

7.10 加强第 9 式：跪姿基础式

完整的 6 大步骤图解，请参见第 081 页。

使背部呈现前屈伸展，主动收缩身体后方肌肉群

7.11 加强第10式：弓箭步伸展式

完整的3大步骤图解，请参见第086页，每一侧的姿势都需要保持30秒。

伸展身体，让背部整天都保持自然曲线

第 8 章
臀部伸展二动作，
找回柔软与灵活

方法：搭配核心基础运动或单独操作　　时间：约 10 分钟

现代人久坐不动的生活方式使臀部肌肉长时间处于收缩状态，如果想要随心所欲地做动作，就必须伸展臀部肌肉，使其保持放松。在现代的生活形态下，臀屈肌大部分时间都处于非伸展状态，而且这个问题随着年龄增长而愈发严重，因为人老了以后，肌肉会更加紧绷。

8.1　测验你的臀肌和关节到底有多硬

大家不妨思考一下，为什么小孩能够轻松盘腿坐上好几个小时或是弯腰做各种动作，他们的动作为什么如此灵活？请你想想：你现在还能盘腿而坐吗？能轻松弯身吗？蹲马步的时候，身体会不会摇摇欲坠？你成功完成上述动作，已经是多久以前的事了？

有个方法能测试你的臀部肌肉和关节到底有多僵硬：坐在一张椅子的边缘处，把背打直，一条腿盘放在另外一条腿上。

在不施加外力的情况下，如果盘起来的那条腿的膝盖与下方那条腿差不多高，代表你的臀部肌肉状况良好；反之，如果盘起来的那条腿的膝盖比下方那条腿高出许多，两者之间的高度差愈大，代表你的髋关节愈紧绷。之后盘起另一条腿，看看哪一条腿的肌肉比较僵硬。

要想缓解久坐与姿势不良造成的臀部疼痛，只要练习这一章介绍的两个招式便可。这两个招式能够放松你的骨盆肌，让骨盆以自然的方式蹲下与弯身，释放臀部外侧承受的大部分张力。

其实，造成臀部疼痛的原因非常复杂，不论是休息、活动或站立，都有可能因为各种原因而发生臀部疼痛，建议还是先请医生诊断为宜。

本章所介绍的臀部伸展动作，可以搭配核心基础运动，也可以单独操作。这两大简单招式可以让你的灵活度大增,一天只需不到 10 分钟的时间,效果却非常显著。

核心基础运动,一切运动的开始

职业自行车选手吉姆·托马斯(Jim Thomas)

我在彼得指导下所做的核心基础运动大大强化了我的核心肌群,使我的肌力、协调性与平衡感都更上一层楼。身为职业自行车选手的我,现在骑车时身体更灵活更放松,而且车体的龙头长度也增加了,就算以俯卧骑乘姿势连骑数小时,颈部和背部也不会有任何不适。我认为,每个人的健身或运动训练计划都应将核心基础运动纳入其中。

8.2 健臀第 1 式：正面跨腿转体式

这个招式会伸展髂肌、腰大肌、髂胫束（位于大腿外侧）以及躯干的好几个肌肉群。髂肌起自髂骨翼内侧，是骨盆最重要的肌肉群之一，负责骨盆的收缩和放松。当你在向前弯和蹲下时，骨盆动得愈多，动作就会变得愈容易。

这个动作会用到髂肌、腰大肌、髂胫束等肌肉群

正面跨腿转体式 6 大步骤图解

❶ 仰卧,膝盖弯曲,双脚脚掌贴地,与臀部保持约 60 厘米的距离,双手放在身体两侧。

❷ 将右腿跨放到左腿上,双腿膝盖尽量靠近。注意:如果你在做这个动作时膝盖会痛,就不要继续了。

❸ 将右腿当做操纵杆，把左膝拉向身体的右侧，并尽量使其碰触到地面。

❹ 左手朝天空方向高举过头，呼吸尽量深长，左上臂感觉到伸展，并且带动左侧身体往上抬 5～10 次。

第 8 章 臀部伸展二动作，找回柔软与灵活 139

❺

❻

❺ 把左手手臂往后伸长，并碰触到地面，保持此姿势 15 秒。
❻ 回到步骤❶开始的仰卧姿势，然后换一边重复做一次。

达到完美动作的诀窍

- 跨腿后双膝尽量靠近,两条腿的弯曲角度皆略大于 90°。
- 臀部、腹部以及跨起抬高的那条腿,都应获得伸展。
- 手臂往后拉并触地,可以帮助同侧那条腿获得更长的伸展。

小心,这样做就错了!

- 双膝靠得不够近。
- 手臂往后拉时,伸展不够到位。

8.3 健臀第 2 式：背面跨腿转体式

这个招式会运动到从胸椎下段至骨盆的髂胫束，还有臀屈肌与腰方肌。在进行这个动作时，从臀部下缘往下到大腿、髂胫束以及臀部上方到腹斜肌都会获得伸展。

会伸展到臀部下缘、大腿、髂胫束以及臀部上方，一直到腹斜肌

背面跨腿转体式 4 大步骤图解

❶ 双手打直撑起身体，双脚脚尖着地，身体呈一条直线。
❷ 左腿从右腿下方横跨过来，左腿膝盖保持微弯。注意：如果打直的那条腿的同侧下背部有刺痛感，就不要再继续了。

❸ 身体慢慢下降直到左臀着地,手掌向前"走"几厘米,保持肩膀抬起的姿势。
❹ 左臀保持触地,用力使胸部向上向前挺起,头往上抬,右脚跟转正以帮助臀部保持方正。你会感觉到身体左半边,从臀部下缘往下至大腿、髂胫束以及从臀部上方到腹斜肌都会获得伸展,保持此姿势 20 秒。接下来,换一边做。

达到完美动作的诀窍

- 双脚分开的距离仅约30～45厘米。
- 肩膀朝向前方，当胸部用力挺起时，双臂应感觉有点颤抖。

小心，这样做就错了！

- 双脚分得太开。
- 上半身跟着大腿转过来了。

各位在第 5～8 章中学到的运动招式，不但能把身体锻炼得更柔软、更灵活，而且也会增强体力和耐力。

如果你希望将核心基础运动的精神融入到生活中的每一件事中，就必须将核心基础运动变成生活的一部分。当你觉得身体状况好转时，也不要中断练习，否则背痛很有可能会复发。这些运动对于你的健康帮助极大，并非只是解决背痛的问题。

我们希望每个人都能多留意身体的保养以及营养的摄取，因为这不仅能改善体能，还能将生活的每个方面都带往更美好的境界，也就是我们所说的无毒无痛生活形态。请大家耐心地读下去，我们将会让各位了解，如何通过放松与平衡的体能活动、饮食、睡眠，全方位地获得进步。

第 9 章
运动后修复、提升体能，让家用"按摩师"来帮你

方法：搭配核心基础运动或单独操作　　时间：约 10 分钟

在完成为期 6 周的核心基础运动后，你的身体将达到令人难以置信的极佳状态。核心基础运动替你打好基础，你应该继续前进，看看自己究竟能够达到什么样的境界，并且将核心基础运动应用到任何一项运动或是传统的重量训练计划中，因为正确做好基本动作，可使你的身体变得更灵活且更有力，你会发现每件事做起来都比以前容易多了。

缺乏活动是造成背痛的根本原因，因此解决你的背痛问题后，千万别再回到之前久坐不动的生活形态了。你应该将核心基础运动变成日常生活的一部分，如果你偷懒不练，背痛便很有可能复发，唯有强而有力的背部肌肉群，才能避免背痛复发或恶化。

9.1　你一定挤得出时间做喜欢的运动

如果你已经养成定期运动的习惯，那你应当明白运动有多么容易"上瘾"，对于自动自发运动的人，我们很乐于跟您分享一些提高新陈代谢以及运动成效的诀窍。

如果你还没有养成运动习惯，请问自己一个简单的问题："我为什么不肯运动？"想想是哪些因素阻碍你运动，是因为你讨厌上健身房吗，还是因为你很清楚自己的身材走样了，或是你很怕会受伤？

其实你有很多选择，没有人说运动一定要上健身房，不论是走路还是骑脚踏车、跳绳、跳舞、打网球、游泳、在家里跟着录像带做瑜伽，这些都是运动，你可以尝试各式各样的活动，从自己喜欢的运动下手，会比较容易开始。

我们最常听到的借口是："我真的抽不出时间运动。"其实，想办法挤出一些空当做你喜欢的活动并不难，例如很多人会安排一对一的教练做运动，因为这样他们就必须把约好的时间排进日程表；或者你会找个同伴一起运动，这样你就比较不好意思"逃课"了，更何况彼此之间存在一种竞争也挺不错的。

你是不是把闲暇时间都拿来上网看电影？何不试试一边看影片一边做运动。你还可以早一点起床，到户外散步、慢跑、骑脚踏车，一大早运动能让一天有个美好的开始。你也可以在午餐后走出办公室，到户外散步；在晚餐前抽出一点时间动一动；要不上健身房做做瑜伽、松松筋骨或是跳跳有氧舞蹈。总之，所谓运动并不是要让自己累个半死，而是

这些运动的好处，你知道吗？

我相信大家早就知道运动好处多多，不过我还是要再次强调规律运动的重要性，以及运动对身体有哪些好处：

- 促进新陈代谢，减重且不会反弹。
- 外表以及身体感觉都比实际年龄年轻。
- 睡得比较好，减轻压力并舒缓肌肉张力。
- 保持骨骼、肌肉及关节健康。
- 提高内啡肽的含量，令跑步者产生愉悦感（runner's high，是指当运动量超过某个阶段时，体内便会分泌内啡肽，使心情愉悦），减轻忧郁和焦虑的情绪。
- 改善病情，降低罹患心脏病、糖尿病、高血压及癌症的风险。
- 消除愤怒与敌意等负面情绪，提升自信心，提高身体的觉知力。

养成规律的运动习惯，是我们送给身体最棒的礼物，如果肌肉、骨骼及关节已经出现问题，运动就会变得更加重要，因为运动能让我们在身体不适的状况下，减轻体重与改善气色。减重只不过是规律运动的好处之一，当你学会以正确的方式做动作及运动时，其他的好处就会接二连三地显现。

要做些适合自己的运动，只要短短几周，你就会觉得自己仿佛脱胎换骨，而且完全忘了自己在改变生活形态前有多么倦怠乏力。

你或许不认为自己有办法每天做运动，但当你发现运动能够带给你非常正面的影响时，你很快就会养成每天运动的习惯。我们有些学员喜欢每天在相同的时间做运动，就是希望能尽快把它变成一种习惯。

对多数人而言，一早起床做运动似乎是最棒的，因为其他时间很容易被杂务绊住。如果你被工作和其他烦心事缠住，运动时恐怕无法专心注意身体的表现，因为要获得最佳的运动效果，你必须时时留意自己在做什么。其实只要有心，你一定能够早一点起床，从忙碌的行程中挤出时间运动。一大早做运动，能让心情愉悦，提高新陈代谢，并且维持数小时不衰。

将不可能化为可能的魔法运动

商界人士奥拉夫·盖朗－埃梅斯（Olaf Guerrand-Hermès）

彼得·帕克的核心基础运动将健身运动演化成一种理想的生活方式。职业运动员出身的背景以及对体育、健身及竞技比赛的热情使得彼得·帕克对于人体了解得十分透彻，并因此成为一位高明的教练。所以，不论是职业篮球、冲浪或是自行车赛的顶尖运动员，都乐于接受他的指导。彼得的训练方式独一无二，而且他清楚了解你的问题、目标和动机，所以能激发你发挥最大潜能以达成你的目标。

我在一场重大车祸后认识彼得，当时我以为自己这辈子再也不可能从事我最爱的运动了，也无法享有行动自如的生活了。物理复健只能稳定我的病情却无法令我痊愈，但是在接受彼得的核心基础运动后，我的身体竟然完全康复了。现在我又能从事冲浪、登山健行以及其他活动了，感谢彼得将不可能变成可能，并让我重获新生。

如果你是个"夜猫子",实在没办法勉强自己起床做运动,那你至少可以趁午餐时间离开办公桌动一动。不管你是在什么时间运动,一旦你开始做了,就不会觉得这是件麻烦事,它反而会是一件你每天都很期待的事情。一旦运动成了习惯,你会发现它的好处源源不绝,令人难以抗拒。

不论你是刚开始运动,还是曾经中断过,或是已经持续运动一段时间了,如果能找位教练一起练习一两堂课,共同拟定一套最符合你个人需求的能让你持续产生兴趣的健身课表,其实是很不错的。因为专业的健身指导教练能够正确评估你身体的基本状况和灵活度,为你量身打造一套适合的课表,让你的健身训练获得最大成效。

可别随随便便找家健身房,建议你可以向亲友打听或者请医生推荐,找一家口碑不错的健身房,应该就能找到优秀的健身指导教练了。

9.2 身体没有适当休息,就不会进步

培养运动习惯要慢慢来,我们看到很多人刚开始运动时总是火力全开,每天都非常拼命,但勉强撑上两个月后,他们来健身房时往往满脸疲惫,接着就再也不见踪影,他们因为运动过度而累垮了。

当你运动过度时,身体无法获得足够的修复时间以恢复元气。例如你今天做了一次激烈运动,第二天又做了一次激烈运动,身体将会持续处于疲惫不堪的状态,所以我们建议两次激烈运动之间应间隔 48 小时以上,让你的肌肉有充足的恢复和再生时间。

过度训练等于白费工夫,因为过度训练会令你渴望糖分,你容易变得情绪沮丧、昏昏欲睡而且心情阴晴不定,还会因心跳加快而睡不好,所以与其过度训练,还不如完全不要训练。

顶尖运动员的身体修复法

除了用食物修复身体外,运动员还会运用各种技巧,从激烈的体能活动中快速恢复元气,纾解肌肉疼痛与放松肌肉,你不妨试试以下这些方法:

- 要想迅速恢复元气,可在运动后进冰水池泡一下,有些运动员是把冰袋放进浴缸里浸泡,效果是一样的。
- 在肌肉酸痛的地方尤其是背痛处敷上冰袋。
- 用泡棉滚筒自行按摩(详细的做法会在下面说明)。
- 请专人帮你做深层肌肉按摩。
- 睡饱一点。
- 以轻松的步调走路,让肌肉放松。

切记,不让身体获得适当的休息,身体就无法恢复元气,你的运动表现就不可能进步。

9.3 在家就能用的"按摩师"——泡棉滚筒

职业运动员通常需要一组专业人士的协助,包括物理治疗师、按摩师以及整脊师,帮助消除肌肉紧绷和疼痛,但我们可以不靠专业人士的协助,用一种简单的方式——泡棉滚筒(foam roller)来消除肌肉气结(肌肉一碰就痛的地方,又称激痛点)。

泡棉滚筒是很棒的自助按摩工具,它的直径约15厘米,长度分成90厘米、45厘米及30厘米3种尺寸,外形很像游泳池用的高级浮条(编按:国内常称此产品为泡棉瑜伽柱,可至运动器械专卖店或瑜伽用品专卖店购买,价格为人民币40～120元不等)。把身体特定部位靠在滚筒上,借由自身的体重按摩你的软组织,舒缓肌肉的紧绷。利用泡棉滚筒按摩气结，就能让更多的血液流到肌肉组织，使它们变得柔软，恢复自在的活动。

这让我想起有位百米短跑选手，曾经大腿后侧肌肉拉伤，造成慢性疼痛。我们在旁观察他训练的情形，当时他的体能状况极佳，在伸展大腿后侧肌肉时手肘竟然能够触地，由此可见他并非因为肌肉过度伸展而拉伤，而是肌肉组织方面的问题，极有可能是他的大腿后侧肌腹有气结。他在冲刺时大腿后侧肌肉收缩，牵拉到肌肉的气结而造成受伤。此时，泡棉滚筒便可以派上用场，放松组织并预防拉伤。

我们希望大家在开始运动前，都能先做5～10分钟的泡棉滚筒按摩运动，让肌肉做好用力的准备。也可以在晚上边看电视边做泡棉滚筒运动来消除气结，或许能够因此一夜好眠。

第一次做泡棉滚筒运动时，可能有点笨手笨脚的，不过应该很快就能上手。最容易产生气结的肌肉部位包括：小腿、腘绳肌（大腿后侧肌群）、内收肌、髂胫束、臀肌、股四头肌、髋屈肌、阔背肌、胸肌以及上背部与下背部。我们会教大家如何找出气结，唤醒身体更大的察觉力，让你可以认真准备做好运动。所以，只要身体感到紧绷的地方，就用泡棉滚筒按摩一下吧。

顶尖运动员都在用的泡棉滚筒按摩法（图中背部下方便是泡棉滚筒中的一种，和一般泡棉滚筒不太相同，为空心、外表有刻度的滚筒设计）

9.4 小腿滚筒按摩法

❶ 坐在运动垫上,把右脚跨放在左小腿上,双臂伸直,身体往后靠,用双手支撑身体重量。再把泡棉滚筒放在左小腿下方。
❷ 让滚筒在小腿与脚踝间来回滚动 20 次。

❸ 左腿转向外侧,按摩左小腿外侧 20 次。
❹ 左腿转向内侧,按摩左小腿内侧 20 次。
❺ 最后,换一边重复上述动作。

9.5 大腿后侧肌群滚筒按摩法

❶ 坐在运动垫上,把泡棉滚筒放在左大腿下方,右腿弯曲,双臂伸直,身体往后靠,用双手支撑身体重量。
❷ 让滚筒在臀部与膝盖间来回滚动 20 次。

❸ 左腿转向外侧,按摩腘绳肌外侧 20 次。
❹ 左腿转向内侧,按摩腘绳肌内侧 20 次。
❺ 最后,换一边重复上述动作。

9.6 大腿内收肌滚筒按摩法

❶ 俯卧在运动垫上,用手肘与前臂的力量撑起上半身。
❷ 滚筒放在右大腿下方。

❸ 让滚筒在右大腿内侧与膝盖间来回滚动 20 次。
❹ 最后,换一边重复上述动作。

9.7 髂胫束滚筒按摩法

❶ 右侧身体躺在运动垫上,滚筒放在左膝下方,小腿伸直。右腿跨过左小腿,右脚掌触地。
❷ 用手肘与前臂的力量撑起上半身及臀部。

❸ 让滚筒在左大腿与臀部之间来回滚动 20 次。
❹ 最后,换一边重复上述动作。

9.8 臀肌滚筒按摩法

❶ 滚筒放在屁股下方，左脚跨放到右膝上，右脚掌贴地，双手往后，手掌触地。

❷ 让滚筒在臀部来回滚动 20 次。
❸ 最后，换一边重复上述动作。

9.9 股四头肌滚筒按摩法

❶ 俯卧，双腿靠拢伸直，滚筒放在大腿下方，利用手肘与前臂支撑身体。
❷ 让滚筒在大腿正面来回滚动 20 次。

❸ 让滚筒在股四头肌（也就是大腿前方的肌肉）的外侧来回滚动 20 次。
❹ 让滚筒在股四头肌的内侧来回滚动 20 次。
❺ 最后，换一边重复上述动作。

9.10 臀屈肌滚筒按摩法

❶ 俯卧，双脚呈 V 字形打开，滚筒放在右大腿顶端，用双手与前臂支撑全身重量。

❷ 滚筒在右大腿与髋骨之间来回滚动 20 次。
❸ 最后，换一边重复上述动作。

9.11 阔背肌滚筒按摩法

❶ 右侧身体躺在运动垫上,手臂伸直。滚筒放在右胸下方。

❷ 让滚筒在腋窝与胸部之间来回滚动 20 次。
❸ 最后,换一边重复上述动作。

9.12 胸肌滚筒按摩法

❶ 俯卧,左臂向前伸展,滚筒放在腋窝下方(请注意图中滚筒放的角度)。
❷ 让滚筒在左侧胸肌来回滚动 20 次。
❸ 最后,换一边重复上述动作。

9.13 上背部滚筒按摩法

❶ 滚筒放在背部中间的位置，身体躺在滚筒上，双脚与臀部保持适当距离；双手合十，放在脸部上方数厘米处。

❷ 臀部往上抬离地面，让滚筒在背部的顶端与中段之间来回滚动20次。

9.14　下背部滚筒按摩法

❶ 将滚筒放在臀部上方的下背部处。身体躺在滚筒上，手肘弯曲撑起上半身。

❷ 让滚筒在腰臀间来回滚动20次。

9.15 利用网球也能消除气结

小区块的气结可以应用不同尺寸的球取代滚筒,例如把网球放在肌肉最紧绷的地方滚动,用身体的重量加压消除气结,尤其以臀部和小腿的效果最好。

按摩足弓

别忘了特别按摩脚底的足弓,它们帮忙吸收地面的反作用力,降低其对人体的震荡,支撑身体的重量。

❶ 把右脚放在一颗网球上来回滚动 20 次。
❷ 换一边重复上述动作。

按摩脚趾

穿高跟鞋的女性脚趾比较容易抽筋；或者你拼命跑了一段很长的距离之后，不论你脚上穿的跑鞋有多舒适，脚趾还是会受到很大的压迫。所以长时间跑步或是穿高跟鞋后，按摩一下脚趾会觉得特别舒服。

❶ 脚趾往后缩，包住网球，保持此姿势 20 秒。
❷ 脚趾持续往后缩，用力下压 20 秒。
❸ 重复上述动作 5 次后，换一边重复上述动作。

第10章
打造无毒无痛的饮食与健康生活守则

疼痛会消耗身体很多能量，原本再平常不过的日常活动，例如起床、绑鞋带、提一袋日用品、弯身坐进车里、从椅子上站起来或是接小孩上下学……当身体不适时，做这些简单的事情都会格外费力。

疼痛不但会使你元气大伤，还会令身体感到虚弱、疲惫不堪，当你去除了因疼痛造成的种种生活上的阻碍之后，就会感觉力气和能量都回来了。等你的身体状况开始好转后，你就又能注意到生活中的其他点点滴滴了。我们只有一个身体，当你看到只要你在生活中做一点小改变，就能远离疼痛而且得到比以往更优异的表现时，你肯定会想要好好对待自己的身体了。

10.1　别让不良习惯上门讨债

人在二十几岁青春正盛时，不良的生活习惯或许对你还造成不了伤害，但是等你到了四五十岁，不当的饮食习惯、酗酒以及睡眠不足所累积的坏影响，就会开始上门"讨债"。

我们有许多事业有成的学员，不是长时间坐在办公桌前工作，就是乘飞机到世界各地开会，因为时差扰乱作息而导致的睡眠不足以及无法推掉的饭局和酒场一个接着一个，等他们到了四五十岁，往往全身僵硬、行动不便。他们的生活方式以及承受的工作压力全写在皮肤上，幸好我们提倡的无毒无痛生活让他们有了脱胎换骨的机会，经过学习我们的课程，他们的外表也比之前大幅改善。

除了鼓励大家练习核心基础运动，我们也建议通过规律运动、放松身心、选择洁净食物、睡饱一点恢复元气以及提高新陈代谢等多管齐下的方式，开展一种不让身体发炎的无痛无毒的生活。体重过重或体能状

> **还是没法戒烟吗？**
>
> 研究显示吸烟会使严重背痛的风险倍增，这是因为吸烟会影响循环，并减少肌肉和骨头的血液供给。而且，吸烟是造成退化性椎间盘的头号风险因素，吸烟者比正常人更有可能出现严重的椎间盘退化，因为吸烟引起的咳嗽会对脊椎造成压迫和拉扯。

况不佳都有可能导致背痛，而这些因素其实全都是你能控制的。

每个人在生活中都必须作各种各样的选择，只有当你身体健康时，才比较容易选择健康又有益的事物。所以在这一章中，我们将提供一套切实可行的计划，教导大家如何作出正确的选择，帮你改掉以前那种充满毒素的生活习惯。

10.2 腰酸背痛——原因在于压力

心理伤痛与肉体疼痛二者是互相牵连的，情绪压力会对身体造成持续的伤害，因为身体会把无法宣泄的情绪压力积存在肌肉里，造成肌肉张力过高、血管收缩，减少血液流向组织；而血液提供氧气和养分给肌肉、骨头及关节，氧气不够就有可能造成肌肉挛缩，养分不足则会使肌肉衰弱无力。

如同久坐不动跟背痛有密不可分的连带关系，充满压力的工作也可能增加你罹患背痛的机会。

压力激素中的皮质醇（cortisol）会使身体发炎的风险增高，而持续性的情绪压力会使皮质醇的含量慢慢升高，并使你的神经系统过度活跃，如此一来除了会导致肾上腺疲劳，也会干扰睡眠，并造成腹部脂肪堆积，增加背部肌肉的负荷。

消除背痛的营养补充品

许多天然营养补充品有助于消除疼痛，但相关法律法规对营养补充品所做的规范非常少，因此请不要随便在自己家附近的药房或超市购买假冒的廉价人工合成营养补充品，应该到专门售卖天然营养补充品的药店购买，并且在购买前详细询问相关问题。

以下列出的营养补充品并不能产生奇迹，不过肯定能让你的努力事半功倍：

- 维生素 B_{12} 对人体的神经系统非常重要，注射产生的效果最好，放在舌下吸收效果次之。
- 维生素 D_3 经研究证实可改善背痛，但我们认为一般建议的摄取量太低，不足以产生显著的效果，所以我们建议每日摄取量在 4000～10000 国际单位（international unit，IU）。
- 镁具有支持肌肉与神经系统功能，保持健康、保持心率稳定以及增强免疫系统功能的作用。
- 欧米伽三脂肪酸（Omega-3）抗发炎效果很强，但一般建议的摄取量太低，我们建议每日摄取量应在 2000～6000 毫克。
- 葡萄糖胺和软骨素是结缔组织修复的重要元素。

皮质醇可以说是代谢的大敌，因为它会把你吃下肚的东西变成脂肪储存起来。

情绪压力会刺激我们做出许多不健康的行为，例如吸烟、摄取过多的酒精或咖啡因、不健康的饮食习惯以及睡眠障碍等。要享受无毒无痛的健康生活，不妨先从放松开始。如果你发现自己有磨牙或肩膀高耸的情况，不妨抽出一分钟做个深呼吸，从腹部缓慢地吸气和吐气，紧张和压力就会从身体里消失。我们在各个健身动作中也都融入了深呼吸，以确保肌肉获得足够的氧气和养分，达到最大的效率和力量。

研究已证实冥想对于放松心理和生理是具有效果的，它有非常多的好处，主要是能清净你的心念。如果在做运动时能够专注心念，缓慢用心地做好每个动作，其实也可以达到冥想的效果。所以，集中心念专心做健身运动，就能够使你的身心获得更多好处。

10.3　新陈代谢的高低跟疼痛有关吗？

当你突破背痛的障碍后，可以准备提高新陈代谢，让自己的身材变得更有型。不论你有没有背痛，每个人都非常乐意接受甩掉几千克赘肉的"损失"。久坐不动的生活形态以及不良的饮食习惯已经造成全球性的体重失衡，如果你长期背痛缠身，那么你体重过重的可能性将大增。

提高新陈代谢的目的在于尽量燃烧卡路里但维持肌肉的力量和持续发展。其实，我们不必依赖药物或提神饮品就能使身体持续维持较高的新陈代谢率。

特别提醒初学者，你必须按部就班不能贪快。首先，每个人因为天生的基因密码不同，所以基础代谢率也不同，身体会按照这个天生的设

天然的舒压剂——茶氨酸

我们并不建议大家服用太多营养补充品，因为它们往往售价高昂且效果存疑，不过我们发现茶氨酸（L-Theanine）具有天然舒压的功效。茶氨酸存在于绿茶的叶片里，它是一种氨基酸，可通过血脑屏障（保护大脑的防火墙）改善大脑对于压力的反应。

研究证实茶氨酸可降低心理与生理的压力，还可提高思考能力并振奋情绪。茶氨酸会刺激 α 脑波的生成，打造出类似于冥想的深度放松状态，还会影响脑中多巴胺与血清素含量的平衡，达到放松心情的效果。除了喝绿茶，也可适当选择含茶氨酸的营养补充品。

定点运作。比方说，如果你天生是辆卡车，那么不管你做什么，都不可能达到轿车的效能，但如果你能作出对的选择，你至少可以成为效率比较高的卡车。

通过自然的方式，提高 10%～15% 的新陈代谢率，这样的数字看起来似乎没啥了不起，不过进一步检视，在不靠任何外力的情况下，每天燃烧的卡路里为 3000 卡，代谢率提高 10% 就是每天多燃烧 300 卡，一年下来就多燃烧 10 万多卡，在没有其他因素干扰下，这些卡路里意味着一年可减掉 13.62 千克体重。如果你能多做我们推荐的运动，就能够无上限地去除有毒的脂肪以及背部承受的压力，并强化你的肌肉。

睡好才能恢复元气

在现今事事讲求速度的时代，人们越睡越少，我们曾经看到过有些学员自豪地表示："我一天只睡 4～5 个小时就够了。"他们自以为健康无虞，殊不知其实已经如同行尸走肉。

普通人每晚需睡足 7～8 个小时，才能让身体恢复元气。每个人每晚真正需要的睡眠时间会由年龄（年龄越小，需要的睡眠时间越长，像婴儿几乎一整天都在睡觉）、清醒时做了哪些事情以及个人基因而定。例如你是正在接受铁人三项运动训练的选手，那你需要的睡眠时间就比一整天坐办公室或是看电视的人多一点。

如果你每天睡不到七八个小时，日后便可能要被迫付出令人难以想象的高昂代价。睡觉并非一种被动状态，当你闭上眼睛休息时，你的身体里仍在继续进行着大大小小的事情，例如你的大脑正在组织与整合你的学习和记忆，以便改善你的注意力并更有利于发挥你的创新思考能力。

睡眠还能强化你的免疫系统以及修复你的神经系统。成长激素也是在睡眠中分泌的，负责修复你的肌肉组织。深层睡眠会使亢奋的神经系统安

10.4 别把食物当做奖品

改变日常饮食的内容及分量,是无毒无痛生活的一大重要转变,对于促进身体健康是非常有必要的。最重要的第一步就是别再把食物当做犒赏自己的奖品,食物是燃料,你吃得愈好,身体的运作也会愈好。想想如果你有辆法拉利跑车,你会给它加来路不明的汽油吗?那恐怕会令车子出现严重的机械问题,每隔一阵子就得进厂维修。如果你不断让身体摄取大量的糖分和化学物质,你的身体很快就会垮掉。

每次有新学员加入时,我们都会请他记录一份食物日志,就是要让他们认识到自己究竟吃了什么东西。通常只要一周,学员的反应都是这样:

静下来并消除压力,当你睡着时,皮质醇的分泌是最低的,一夜好眠能使心情保持稳定。

睡眠不足会导致体重增加,所以现今肥胖症与睡眠障碍的盛行跟睡眠时间不断减少之间有着直接的联系。这是因为当你睡着时,会分泌抑制进食的激素。如果你睡眠不足或是睡不好,就会打乱体内激素的微妙平衡,这时候会大量分泌刺激食欲的激素,害你一整天都很想吃东西。

对于睡眠不足绝不可掉以轻心,因为一夜辗转反侧的"后遗症"不只是脑袋昏沉而已。如果你还出现以下征兆,表示你已有睡眠不足的现象,应尽快改变你的生活习惯并设法多睡一点:

- 常需小憩一下;
- 白天的时候,每隔一阵子你就会打瞌睡;
- 头刚一沾上枕头就立刻睡着;
- 得靠闹钟才能醒来。

睡眠的时间跟清醒的时间一样重要,睡好觉可以获得的报酬是很优厚的,千万不要随意缩减睡眠时间。

> **饮食日志：仔细记录你吃下的食物**
>
> 详细记录你吃下的东西，才能确切掌握自己是如何提供身体所需燃料的。如果身体没有得到足够的养分当做能量，让体内互相作用的系统发挥最大的功能，你就不可能拥有曼妙的身材。
>
> 记录饮食日志的首要原则是：诚实！如果你真心想建立良好的饮食习惯，你必须了解自己能够做到怎样的地步。
>
> 你可随身携带一个笔记本或索引卡，以便随时记下你吃下的东西，这样你才不必在事后拼命回想什么时候吃了哪些东西。你也可以使用手机的应用程序或是网络上提供的免费饮食日志做记录。
>
> 这些工具不仅提供卡路里计算表，而且还能分析你吃的东西所含的蛋白质、脂肪、糖以及碳水化合物的分量，可以让你清楚知道自己是否达到了你所设定的热量削减目标以及是否让身体获得了足够的必需养分，你可以按照个人的活动状况设定相对应的热量需求。

"我真不敢相信，自己居然多摄取了一千多卡路里的热量！"因为你总是不假思索地帮孩子吃掉剩下的早餐、饼干、腰果，结果就这样不知不觉地累积了很多热量。你必须清楚知道自己究竟吃了哪些东西，而且下定决心一定要改掉坏的习惯。

10.5 请按下停止进食键

彼得到欧洲参加赛跑，看到当地食物的分量时，大吃一惊："真的假的？这样的分量算是一餐？"他长期住在美国，这里的饮食观念是分量愈多愈好，有些餐厅供应的分量，甚至多到可以喂饱三个人。他到了欧洲才明白，适当的餐食分量才健康，每个人都应该搞清楚一人份的食物分量应该是多少。

当我们吃下的食物超过身体需要的分量时，所有未燃烧掉的脂肪就会堆积在体内，所以应该训练自己思考："我吃够了吗？为什么要吃？"最重要的是，除了细嚼慢咽、以愉快的心情享受食物，还要懂得在适当的时候按下停止进食的按钮。

每个人都应按照自己的活动量决定饮食的分量，如果你整天坐着办公，每星期只运动 20～30 分钟，或是你正在度假旅行，那你并不需要吃太多食物，一天大约只需 1500～1800 卡就够了，而且要避免吃口味厚重的食物以及面包或面条等单一碳水化合物。但如果你打算来趟 4 小时的健步行走，就必须吃较多的食物，并摄取一些碳水化合物当做能量。总之碳水化合物的摄取与分量大小，应由你的体能输出，也就是你从事哪些活动来决定。

以下是能够帮助你控制食物分量的小技巧：

- 假设桌上有一整盘食物，先拿走其中四分之一，剩下的分量就是你每一餐该吃的分量，每天只要做小小的改变，一周下来就能减掉将近 0.5 千克。
- 研究早已证实，如果你用较小的盘子吃东西，你的大脑会把食物分量看得比实际更多，并以为你吃得比实际更多，结果吃得少反而觉得饱了。所以你可以试试以色拉盘取代正式的大餐盘盛菜，这样一来即使少量的食物放在盘子里，也不会显得盘子里好像没有什么东西。
- 在外用餐时不必逼自己吃光盘子上的每样东西，吃不完就请店员打包外带。把剩菜放在冰箱，不必再花工夫准备就有下一餐，也是两全其美的方法。
- 如果你在外出用餐或参加派对前已经感觉很饿了，不妨先吃几粒杏仁或一个苹果再出门，像这类有益健康的零食能够抑制你胃口大开。
- 如果你发现在等候大餐上来前，用来塞牙缝的法国香脆面包实在令人难以抗拒，就请侍者不要再上面包篮，千万别让它出现在你眼前就对了。
- 要求餐厅别将色拉酱直接淋在生菜上，而是另外盛装在碟子里或是淋在生菜旁边，而且要尽量少蘸为宜。

当你决定过这种无毒无痛的生活形态时，务必要学会在适当时机停止进食。

10.6 别吃得比航天员差

俗话说吃什么像什么，一个人的外表是由他吃下肚的食物所打造的，有些人虽然身材看起来适中，但如果摄取了不恰当的食物，外表和给人的感觉都不会好。

美国人通常都吃太多加工食品及精致食品，现今美国人吃的食物简直跟航天员没两样，但航天员吃的食物富含营养素，而一般人吃的包装食品或罐头却是以人工添加物和玉米糖浆取代天然营养素的。

大家应该早就明白要吃新鲜的水果蔬菜和全谷类食物，如果吃牛肉，最好是没有注射过激素的牛肉。为了大量生产而拼命使用农药和肥料的商业化耕作，不仅使植物本身所含的营养物质荡然无存，还会对食用者的身体造成危害，所以各位应当尽可能选购有机食品。虽然有机栽培的食物售价比较贵，但是它能够提供滋养身体的足够健康养分，是非常值得的投资。

我们并不打算推荐近年来流行的零脂肪或零碳水化合物饮食，我们建议大家效法旧石器时代人类的饮食：只吃新鲜的肉、鱼、蔬果以及坚果，远离加工与精致食品。当你卖力运动时，必须吃点碳水化合物以补充能量，这时可以多吃些地瓜、糙米以及全谷类的洁净食物。

测试你有没有麸质过敏症

现今麸质过敏症（对小麦、黑麦和大麦中所含的一种蛋白质产生过敏反应）的病例比 50 年前足足多了 4 倍。所以，最近我们常在餐厅或包装食品上看到"无麸质"的标示，可以算是食品市场近年来最热门的营销手段。

小麦、大麦、裸麦及燕麦全都含有麸质蛋白，有些人在吃了这些含麸质蛋白的谷物后，小肠会产生自体免疫与发炎反应。对于麸质过敏的人，其小肠会将无法消化的麸质蛋白视为不明的入侵者，免疫系统会驱除入侵者，过度刺激肠道并使小肠的绒毛受损，使得小肠吸收营养素的面积变小。

麸质过敏可能造成消化道疾病，产生腹泻、胀气、肠道出血、便秘、头痛、关节疼痛以及疲劳倦怠等症状。腹腔性疾病是麸质过敏的极端例子，可能造成严重后果，导致慢性疲劳、严重营养不良、贫血、恶心、起疹子以及精神抑郁等。不过，只要不吃含麸质的东西，以上情况就会好转。

要测试自己是否有麸质过敏的情况并不难，可以观察你的饮食日志，看看你吃了多少麸质。如果你经常出现轻微的消化道症状，就别再吃小麦、大麦、裸麦及燕麦制成的面粉。如果不吃以后症状减轻，就证实你的确有麸质过敏的情况；如果症状持续，请赶紧就医。

10.7 只做到九成，就够了！

上述的健康饮食原则能够为你的健身运动加分，让你的身体变得更灵活、更强壮而且无病痛。饮食方式的改变对于某些人而言或许太过激进，但是对于另外一些人来说，可能只是对已经在做的事情略做一些调整。

不论你现在的饮食习惯如何，请记住没有人是完美的，花点时间认真检视你的饮食习惯，或者记饮食日志也能够帮你做好饮食管理。

不过你也不必过分"铁面无私"，例如在孩子的生日派对上吃点生日蛋糕，跟朋友一起看足球转播时来块比萨，或是来一块妈妈做的美味炸鸡，这些都无妨。总之，我们希望大家能够吃有益身体健康的洁净饮食，但也没必要把自己搞得像食物纠察队队员一样。

有些养生饮食计划规定每周放开一天，让人满足口腹之欲，但我们并不推荐这样的做法，因为你可能会在那一整天狂吃一堆不健康的食物，导致你无法戒掉那些对身体无益的垃圾食物。我们偏好采用"九成就够了"的原则，如果你采用我们建议的九成饮食法，就能摄取足够多保持身体健康所需的营养。

在你只吃洁净饮食满一个月后，以往让你迷恋不已的加工食品就会失去魅力，吃起来也不再会像以前那么美味，因为你已经习惯清淡质朴的口味，就是完全不含人工添加物、反式脂肪、玉米糖浆以及过多盐分的全食物。

如何延长你的饱足感？

当你吃下碳水化合物时，你的血糖会上升，但上升的速度会因碳水化合物的种类而不同。像全谷类、大多数的水果蔬菜以及豆类等复合性碳水化合物会使血糖缓慢上升，因为它们富含膳食纤维，能放慢消化的速度。当食物被慢慢消化时，产生的能量也会慢慢释放，这样就能持续稳定供应能量，血糖值也不会瞬间升高。

但是精致加工过的碳水化合物，例如白米或是白面粉制成的食物，会使血糖快速且大量增加。这是因为在精致加工的过程中，去除了大部分的膳食纤维，余下的容易消化的食物会使血糖急速升高。与此同时，身体会分泌胰岛素刺激细胞吸收葡萄糖（糖分）以降低血糖值，并将葡萄糖转化为脂肪储存起来。

我们常说的升糖指数（glycemic index，GI）是指碳水化合物被分解成能够进入血液的葡萄糖的速率，食物愈快被消化，其升糖指数愈高。当你

10.8 全食物的饮食清单

我们对食物的选择标准简单明了：新鲜、有机的全食物。下面列举的优质食物清单，都是能提供身体必需养分的全食物，能让身体发挥最高的功能。

蔬菜：虽然多吃蔬菜的观念早已在大多数人的脑袋里根深蒂固，但很多人所吃的绿色食物只有腌制小黄瓜而已，炸薯条可不能算是蔬菜。其实有机蔬菜才是最健康的，而且烹调时间愈短，愈能保留蔬菜的营养。虽然常吃蔬菜是好事，但是像玉米、甜菜根以及胡萝卜这些含糖分较高的食物，则要"悠着点吃"。

绿色蔬菜：旧石器时代的人类祖先一天要吃 2.7 千克的叶菜类蔬菜，这些富含膳食纤维、矿物质、维生素以及植物营养素的深色叶菜能够为

吃了升糖指数极高的松饼淋枫糖浆，往往一个小时以后就会觉得饿了。当某种食物要花较多的时间才能消化，它的升糖指数便较低，而你的饱足感会较长。一般而言，最好吃升糖指数在 40 以下的食物。

各类食物的升糖指数					
红椒	10	西兰花	15	芦笋	15
地瓜	37	苹果	38	胡萝卜	49
白意大利面	50	可乐	58	新鲜玉米	60
薯片	63	奥利奥饼干	64	牛角面包	67
白米	72	运动饮料	78	德国蝴蝶饼	83
烤马铃薯	85	司康（英式松饼）	92	玉米片	92

吃升糖指数较低的碳水化合物，能够获得稳定的能量供应，维持较长时间的饱足感，并且避免血糖剧烈波动。

人类提供最浓缩的营养来源，保证人类的健康。

水果： 虽然水果比精制糖有营养，但有些水果的升糖指数很高，且含有会被快速分解的天然糖分，所以要聪明选择水果种类。

莓果： 含大量膳食纤维与抗氧化物，有益健康。

鳄梨： 是极佳的补脑食物，含 10～15 克的膳食纤维，且含有大量的优质脂肪、叶黄素、维生素 K 和天然叶酸以及其他许多有益成分，能促进心脏健康。

苹果： 富含膳食纤维与果糖，而且含有包括槲皮素（quercetin）在内的许多重要养分。槲皮素是一种很强的抗氧化物，能强健肌肉，使运动员不易疲劳。每天最好能吃 1～2 个苹果，就能少生病。多吃苹果有益健康。

香蕉： 富含膳食纤维、维生素 B_6、维生素 C、钾及镁。香蕉含糖量高，可提供能量，让人觉得饱足。钾的功能是维持体内液体的平衡，如果你激烈运动且大量流汗，就必须补充钾。

有机蛋： 建议吃全蛋，因为蛋黄富含营养成分及优质脂肪。有机蛋比普通蛋营养成分高，请尽量选购自然放养的鸡产的有机鸡蛋。

鲜鱼： 尽量选购当地鱼，虽然饲养鱼的营养成分通常不如野生鱼，不过也是很重要的营养来源。可能的话，尽量选购野生鱼，如果买不到野生鱼，就多跟鱼贩请教尽量选购当天最新鲜的鱼。大多数的鱼类都能提供精益蛋白质（特征是低脂、低卡路里）与优质脂肪，但美国农业部指出鲨鱼、剑鱼、鲭鱼、马头鱼和鲔鱼的汞含量及多氯联苯含量皆过高，所以一周不宜食用超过 3 份。

瘦肉： 我们天生就是肉食者，肉类所含的维生素 B 群对于人体的神经系统非常重要，而且不管是红肉或是白肉，都富含能够打造肌肉组织的蛋白质。虽然人类的生活形态及功能需求在过去 2000 年间已经大幅改变，但肉类仍旧在饮食中扮演着核心角色。唯一的差别是肉类不再是饮食中的主角，我们可以把肉类当做是维持高能量的补充品，不必大量食用。

谷类： 糙米和野米是较佳的淀粉来源，它们富含膳食纤维且消化缓慢。藜麦（南美洲高地特产）也是另一个不错的谷类选择，它是少数能够提供完整蛋白质的植物类食品，它的氨基酸组合平衡，蛋白质含量高达 12% ~ 18%。

发芽全麦面包： 比全麦面包或白面包更有营养，发芽全麦面包消化起来更慢，且能稳定地提供能量。

酸奶： 不要购买含糖量很高的加工酸奶。市面上有很多价钱合理的益生菌酸奶，例如含益生菌的希腊酸奶（greek yogurt，含水性较低、较浓稠、酸度也较高）或原味酸奶。一般而言，如果活菌是在加热杀菌的步骤前加入的，那么活菌就死了，完全不具备辅助消化的功能，所以请确认菌种是在加热杀菌后加入的。

种子与坚果类： 杏仁、腰果、南瓜子、核桃等坚果要购买未经加工过的，它们是营养丰富的零食。

10.9 愈晚吃愈少

"愈晚吃愈少"的饮食方式是最理想的，这样身体和消化系统才能在你睡觉的时候跟着休息。我们建议一天进食6次——3次正餐加3次点心。

单一碳水化合物（例如糖、蜂蜜）最好只在激烈运动（至少运动45分钟，且消耗掉你65% ~ 95%的力气，令你上气不接下气、疲惫不堪）时才吃，可帮助你迅速恢复体力。在激烈运动后的30 ~ 60分钟，人体的吸收力会加快，这段时间应该吃能够促进吸收的适量碳水化合物，但这并不表示你在散步40分钟后，可以借机大吃一整袋的薯片。

你的饮食清单中应包含适量的蛋白质、健康脂肪及复合性碳水化合物，如果你实在无法抗拒单一碳水化合物的诱惑，那就在早上或是激烈运动之后食用。碳水化合物的摄取量在下午五六点后就要减少，但如果你在傍晚左右才做激烈运动，身体还是需要一些碳水化合物来补充能量的。

我们并不建议低脂饮食，摄取必要的脂肪（指维持生命正常运作所需的脂肪）其实有助于减重，因为那就像是给身体的零件喷上润滑油，

不会让身体发炎的好食物

发炎是引起疼痛的主要原因之一，而快餐、糖分、硝酸盐、高脂肉类、各式各样的垃圾食物以及加工食品和调理包中的饱和脂肪与反式脂肪全都会造成身体发炎。

以下是富含抗氧化物且能抗发炎的优质食物清单：

- **蔬菜类**：芝麻菜、芦笋、豆芽菜、青椒、白菜、西兰花、大头菜的茎叶、球芽甘蓝（又称抱子甘蓝）、高丽菜、白花椰菜、唐莴苣、芥蓝菜、小黄瓜、菊苣、苦苣菜、大蒜、四季豆、羽衣甘蓝、韭菜、蘑菇、橄榄、洋葱、萝蔓生菜、葱、红葱头、菠菜、地瓜、栉瓜。
- **水果类**：苹果、鳄梨、蓝莓、哈密瓜、樱桃、芭乐、蜜瓜、奇异果、金柑、柠檬、莱姆、橙子、木瓜、桃子、梨子、李子、覆盆子、草莓、橘子、西红柿。
- **动物性蛋白质（野生或牧草饲养的较佳）**：去皮去骨的鸡胸肉、火鸡胸肉、鳀鱼、鳕鱼、大比目鱼、鲱鱼、鲭鱼、牡蛎、虹鳟、黑鳕鱼、鲑鱼、沙丁鱼、鲥鱼、鲷鱼、银花鲈鱼、鲔鱼、白鱼。
- **坚果与种子**：杏仁、亚麻籽、榛果、葵花籽、核桃。
- **油**：初榨橄榄油、初榨椰子油。
- **香草与香料**：70%的可可、奥勒冈叶（意大利香草）、姜黄。
- **饮料**：绿茶、姜茶、红酒（一天一杯为限）。

所以橄榄油、鳄梨油、杏仁油以及亚麻籽油之类的健康油脂，应该纳入你的饮食清单中。

10.10 一次只改变一件小事

别奢望自己在一夜之间就能转换到无毒无痛的生活形态，因为我们

健康的饮食能助眠

如果你好好吃一顿健康的晚餐,就能够好好睡一觉,身体也能因此获得更棒的修复,从而元气大增。如果你的晚餐一向吃得多,而且包含大量的碳水化合物及糖分,很可能会妨碍大脑分泌睡眠激素,进而影响睡眠。

糖是一种刺激物,当它进入消化过程,会启动胰岛素以及其他促进食欲(而非停食)的激素。最危险的时段是在晚餐后,也就是晚上7点到10点,许多人总是忍不住吃下一个冰淇淋、一些饼干、一碗谷片点心或是一块蛋糕。以甜点和单一碳水化合物当做消夜,晚上肯定睡不好。

睡前3小时吃下一顿大餐或是一堆不健康的零食,除了会害你睡不好,还会害你变胖,因为这些零食所含的热量,都会在你睡觉时转化为脂肪储存在你身上。

推荐的并不是一种让你在短短几周内狂瘦几千克的饮食法,而是要完全改变你的生活形态,那绝非一蹴而就的事情。因为你的身体会想念它已经习惯的饮食内容,所以我们要进行的改变,比较像排毒或戒毒,至少需要一个月左右的时间才能调整过来。

前两周是最难熬的,因为你的身体会很想吃加工食品。不过你只要能戒掉这些不健康的饮食习惯,便再也不会产生想要吃甜的、咸的以及油腻垃圾食物的念头。

一开始的时候你肯定会觉得饥肠辘辘,但你必须学习适应肚子有点饿的感觉。事实上,有点饿对你而言是有益的,因为这样你才能够专心工作,相信大家都有过吃大餐后很想睡觉的经验,吃太饱只会让你昏昏欲睡。

要开始改变其实没那么难,先检视一下你的饮食日志,从中选择一件你想要改变的事情,例如每天喝4杯啤酒改成喝1杯,或是改掉吃饼干的习惯。我们一向建议大家先从改变一件事做起，选定一个目标后达成，然后再选定第二个目标，并且努力达成。例如你决定每餐至少要吃一样青菜，接着你决定再也不吃白面粉制的食品，只要先从一些小事情开始做起，就会慢慢累积成果，说不定 6 个月后，你就完全调整过来了。

如果经常在外吃饭就比较难控制吃的食物，你可以请店家以最少的油脂烹调食物、不要吃面包、色拉酱不要直接淋在生菜上，而且要节制点吃。当顾客的健康意识高涨，餐厅自然会更加配合。

旅行时的挑战可能就更大了，我们曾见过旅客早上 8 点在机场吃比萨的情景，但只要多花点工夫认真寻找，就一定能够找到健康的食物，如果真的找不着，吃点杏仁也不错。

点心是必需品，重点是怎么选？

点心对于维持一整天的体力是很重要的，但饼干、脆饼和糖果则不算在内。为了保持充沛体力，而且不会很快感到饥饿，最好吃升糖指数低且含健康脂肪的零食。点心的热量应限制在 300 卡以内，以下是我们常吃的一些健康点心：

- 一小把杏仁或其他坚果，加上一个苹果或其他水果。
- 约 55 克的火鸡肉或其他瘦肉。
- 一杯 20～40 克的思慕昔（smoothie），由乳清蛋白、奇异子（chia seed，含丰富的纤维和优质脂肪酸，有机商品售卖店可购得）或鸡蛋蛋白以及一些冷冻莓果加水打成。
- 蔬菜或豆类拌橄榄油或葵花籽油做成的色拉酱。
- 发芽全麦面包或无麸质吐司，或者烫青菜蘸鹰嘴豆泥或其他豆类做成的蘸酱。

10.11　感觉有点饿，来杯水！

身体的保水度越好，从细胞到器官的表现就越好。许多常见的小毛病和体力不济的情况，有时候只需要补充水分就可得到改善。体内缺水时血液会变得比较浓稠，从而导致器官和系统难以进行正常运作。水喝得不够多会对身体造成相当大的压力。

你不妨自己做个实验：每天大约喝 4000 ml 的水，持续喝一星期，看看感觉如何，你会发现差别大到你会把喝水变成一个习惯。

水分能够使你产生饱足感，让你觉得不那么饿，其实有时候你是渴了而非真的饿了。觉得饿的时候，不妨喝杯水，或许那才是你真正需要的。

人体体内大部分的液体是水分，咖啡因和酒精都会促进水分排出，所以每喝一杯咖啡或酒，就要再喝一杯水。一般而言，别喝提神饮料、运动饮料以及汽水，因为它们含有大量的糖分和咖啡因。运动饮料和果冻可在做了一小时的有氧运动后食用，天然果汁（而非用浓缩果汁加水制成的果汁）是比较好的饮品。

10.12　我们的三餐洁净饮食计划

以下是提供给大家参考的三餐洁净饮食清单，世界上的食物种类极其多样，这里只列举其中一小部分而已。

提高一整天新陈代谢的早餐

起床后尽快吃早餐可以提高新陈代谢，应尽量摄取复合性碳水化合物、健康脂肪以及优质蛋白质，并尽量在早餐中加入蔬菜。由于多数人吃早餐总是匆匆忙忙的，因此下面列出一些容易准备、方便立刻食用的早餐：

- 香蕉或苹果加上一两匙葵花籽抹酱或杏仁抹酱。
- 蔬菜欧姆蛋（把昨天剩下的蔬菜加入鸡蛋打匀煎熟）搭配新鲜莓果。

如果想降低卡路里，可使用一枚全蛋加三枚蛋白，激烈运动后可再加一片全麦吐司或糙米吐司。
- 一杯用杏仁奶、冷冻莓果、亚麻籽、奇异子或杏仁抹酱及优质蛋白粉一起打匀的精力汤。
- 欧姆蛋加优质蛋白粉及一匙花生酱（在你进行激烈运动的那几天，这是很不错的早餐选择）。

维持体力的点心选择

你若希望整个上午都维持好体力，那就吃点健康的点心吧，这样你就不会因为快饿昏了而在午餐时狼吞虎咽。建议点心热量不宜超过300卡。

- 一小把杏仁或其他坚果以及少量水果。
- 约55克的火鸡肉或其他瘦肉以及少量水果。
- 苹果以及一两匙的葵花籽抹酱、杏仁抹酱或花生抹酱。

这样吃午餐，下午精力充沛

尽量避免在中午吃单一碳水化合物（主要存在于精制糖类，如蔗糖、蜜糖等糖果以及奶制品等），因为它们会让你在饭后懒懒地不想动。这个时候应该多喝水，水喝得越多，你会觉得越有劲。

- 有机的鸡胸肉或鱼，加橄榄油与香草调味，再加半个鳄梨或其他蔬菜。
- 一大碗鲜蔬色拉加瘦肉及鳄梨（取代奶酪），色拉酱应尽量少用，并且避开口味油腻的色拉酱。
- 火鸡肉鳄梨三明治及一小碗鲜蔬色拉。
- 新鲜鸡肉及蔬菜汤。

振奋精神的下午茶

大多数人在下午的时候体力都不佳，这时候来点有营养的点心，可以振奋精神。

- 一小把坚果及一个苹果或其他水果。
- 生菜加鹰嘴豆泥蘸酱。
- 未加工的有机高纤谷物棒。

晚餐别吃淀粉类

如果你想睡个好觉,晚餐时尽量别吃米饭和意大利面,要避开淀粉类食物。

- 牧草饲养的牛排与一份色拉。
- 一大份以蔬菜为主的蔬菜炒虾仁或蔬菜炒鸡肉或蔬菜炒豆腐。
- 烤鸡肉佐芦笋、四季豆或西兰花及鲜蔬色拉。
- 烤鲑鱼佐蔬菜及鲜蔬色拉。

睡前的助眠点心

- 如果你实在很想吃甜食,可以选择吃一块含70%可可粉的黑巧克力。
- 一小把坚果。
- 一杯香草茶。
- 原味杏仁奶加一小匙奇异子。

这样喝饮料才对

- 一天至少喝2000 ml的水。
- 现榨果汁。
- 1～2杯咖啡。
- 香草茶的分量没有限制,但是绿茶、红茶等则要限制摄取量,因为它们含有咖啡因。
- 杏仁奶或燕麦奶都可以,但要避开牛奶类的乳制品。
- 不要喝低卡汽水,因为人工甘味剂会令你一直想吃甜食,促使身体产生胰岛素反应,把吃下去的能量转化成脂肪储存起来。如果你一定要加糖，甜菊是不错的选择，这是一种纯天然的草本甜味剂。

把洁净饮食原则融入到日常生活中，可为核心基础运动的效果加分，增加你的能量和元气，将你带到更高层次的健康状态。

健康饮食 10 大原则

1. 人是为了维持生命而吃东西，而不是为了吃而活着。
2. 详细记录你的饮食内容。
3. 时间愈晚，吃得愈少。
4. 练习控制一餐的分量。
5. 只吃未加工的洁净食物。
6. 效法旧石器时代的饮食：吃新鲜的瘦肉、鲜鱼、蔬菜、水果以及坚果。
7. 根据活动量决定碳水化合物的摄取量，做一小时以上的激烈运动、耐力运动或有氧运动后，你必须吃适量的碳水化合物以迅速补充体力。
8. 在改变饮食习惯时，不要急躁，应一步一步逐渐进行，改掉一个坏习惯之后再接着改下一个，这样一段时间后你的生活形态就会发生具象的改变。
9. 适当补充水分，每天喝 2000 ml 水。
10. 以上原则只要做到八成，你就能拥有好身材和好体力。

第11章
化身超强燃脂机，运动高手教你这样练

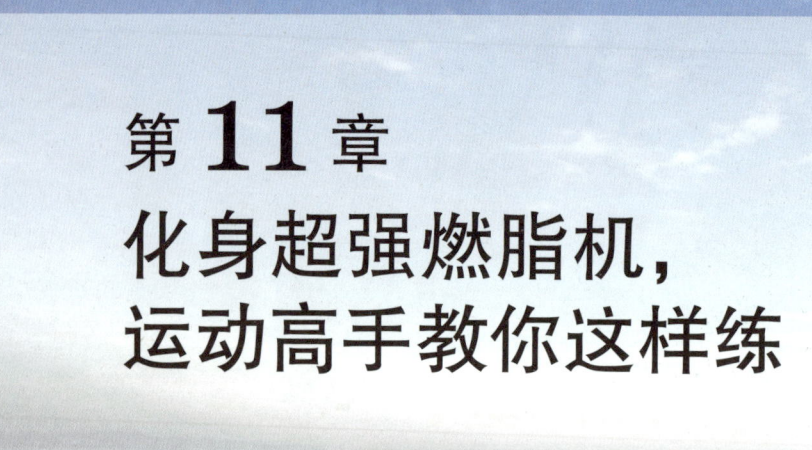

一周除了做 3~4 套健身运动外，还应该进行两次阻力训练（resistance training，锻炼人体肌肉，传统的阻力训练包括俯卧撑、哑铃、杠铃等项目）以及至少 3 次燃烧卡路里运动（cardio workout，可在短时间内有效锻炼心肺功能并快速燃烧卡路里和脂肪），再加上一次 1 小时以上的长时间有氧运动。

长时间的有氧运动不要在健身房内做，而应选择在户外，例如周末时，连续进行 1 小时以上的健走、慢跑、快跑、爬山、溜直排轮或骑自行车，呼吸新鲜空气，以自己觉得舒服的步调进行 1.5~2 小时的运动，锻炼耐力。

要打造一套面面俱到的运动课表，应注意以下要点：

- 我们每一天都被生活中该做的事和想做的事给填得满满的，但一周至少要有一两天什么事也不要做，让身体放松、恢复活力。
- 你可以把该做的运动集中在一个时段内全部做完，也可以按照当天的计划分数次进行。
- 两次阻力训练之间至少要间隔 48 小时，因为这类运动会让肌肉出现轻微的撕裂伤，所以必须间隔久一点，让肌肉有足够的时间修复与重建。
- 每运动 4~5 周，就要安排一周的复原周，将运动强度降低 40%~50%，让你的身心修复一下，我们稍后将会详细说明过度训练的坏处。

11.1　运动不是拼命，正确健身你得懂

别让自己沦为照表训练的运动奴隶，如果你刚刚运动 10 分钟就觉得

一辈子都要做的运动

> 知名运动经纪公司沃森曼媒体集团董事长兼执行总裁
> 凯西·沃森曼（Casey Wasserman）
>
> 过去两年间，我一直跟着彼得和埃里克训练，我开始觉得自己的身体变好了！书中提出的重要原则让我的身体锻炼得更强壮也更结实，以后我每天都会做这套运动。

不舒服，应立刻停下来，我们不只要学会运动，还要学会如何管理疲劳。如果你运动后觉得不舒服，就应该好好评估一下自己刚才做了什么，训练的强度是否过头了，还是身体修复的时间不够充裕？

运动的目的是为了健身而非自虐，运动过度反倒会累垮身体。我们提倡的运动是要追求身心平衡而非拼命，想当初你不就是因为运动过头导致背痛，才开始练习我们这套核心基础运动的吗？

以下提供的一周运动课表仅属建议，你应当按照自己的生活需求以及一整天的体力状况自行排定一个适当的课表。我们每天总会遇到许多意外情况，不得不延迟运动时间，但各位一定要让自己维持合理的运动量，

完美的一周训练课表

周日	周一	周二	周三	周四	周五	周六
·核心基础运动20～30分钟或休息一天	·间歇运动20分钟 ·阻力运动30分钟	·核心基础运动20～30分钟	·身体修复日	·核心基础运动20～30分钟 ·阻力运动30分钟	·核心基础运动20～30分钟 ·间歇运动20分钟	·燃烧卡路里运动1～3小时

保持身体健康及心情舒畅。

我们的祖先从采集食物、打猎逐渐进化到农耕生活，再进化到后来的手工作业，他们每天为了生存必须从事大量的体力劳动。现在拜高科技自动化所赐，我们每天的生活既方便又省时省力，但带来的后果却是我们必须刻意运动才能锻炼肌肉。

11.2　30岁后停止肌肉流失，得靠阻力训练

除非经过适当的锻炼，否则多数人年过三十以后，每10年会增胖约

高效能阻力训练的小秘诀

做阻力训练时，应尽量避开肱二头肌屈曲、肱三头肌伸展以及腿部伸展等局部运动，也就是要避免只运动单一关节，免得只会运动到一小块区域，体力消耗有限。如果你刚接触阻力训练，在进阶之前，最好先熟练核心基础运动以及引体向上、俯卧撑、深蹲和髋关节转体等基本动作，之后只要遵守以下几项简单的规则，就能进行安全又有效的阻力训练了。

- 肌力训练是一种技巧性的训练，锻炼焦点应放在学习正确的技巧。
- 招式要配合重复次数而变化，如果重复次数较少，就需要较多的招式。一般而言，一个招式通常重复做15～20次，假设你今天做4个招式、每式重复5次，隔天你不妨做2个招式、每式重复10次。重复次数的多少会左右你的目标，如果你想打造肌力，那么重复做3～8次即可；如果你追求大块肌肉，那至少要重复10～15次；如果同时追求肌力和耐力，则需重复20～25次。
- 别害怕低重复（次数少）高阻力（重量大）的训练内容。女性可能特别担心变壮，所以不敢进行重量大的训练，但其实重量大的训练

5千克并流失约2.5千克的肌肉。维护与打造肌肉质量的方法之一是阻力训练，阻力训练又称重量训练，它能训练肌肉收缩以对抗外力。训练工具包括重物、运动带或是你自己的体重。

肌肉对抗阻力所做的收缩会造成肌肉组织的轻微撕裂，当身体有足够的时间复原，这些小撕裂伤就可获得修复，这个过程称为合成代谢。阻力训练除了打造肌肉外，也能打造骨骼（我们的骨骼同样会随着年龄增长而衰退），还能降低高血压与提高新陈代谢率。健康结实的肌肉将使你行动自如，而且能完整包覆你的背部与关节，避免因不平衡而产生的疼痛。

重复次数较少，打造的是肌力而非肌肉质量。所以尽管放胆举起你能够完全控制且做出完美动作的最大重量，在肌肉疲劳前少做1~2次，这样你不但能够进步，还可以更快复原，而且也可降低受伤的机会。

- 做运动的方式跟选择做哪种运动同样重要，所以当你进行阻力训练时，重点应放在做出技术到位的完美动作。同时做动作时一定要采用全幅度活动并锁住关节，从而达到强化关节的效果。

- 举重时将张力留在体内，可帮助肌力增加20%。举例来说，当你举重时，应保持呼吸平浅并让张力灌注全身，如此一来即使是很重的重量也会感觉很轻。拿奥运举重选手与刚入门的初学者相比就更好理解了，奥运选手能做到全身充满张力且能完全控制张力，但初学者却松垮无力、容易受伤，进行时请务必注意这一点。用奥运选手的方式举重，能使肌肉紧绷、减少爆发力漏失以及稳定你正在做的动作。如果举重时肌肉失去张力，则会因无力而容易受伤。

- 要提升运动效率，必须交替训练互相拮抗的两个肌肉群，以典型的健身运动为例：先重复5次肩颈后推举与引体向上，再重复5次深蹲与硬举，最后重复5次肩颈后推举与划船。

一周只要做两次阻力训练，就能够锻炼出肌肉并预防肌肉随着年龄老化而流失。最棒的阻力训练包含复合式动作、多关节运动以及髋关节转体，例如深蹲、硬举（身体保持直挺的状态，用手抬起地上的重物）、俯卧撑及引体向上，这些动作可以同时动用数个肌肉群，非常"划算"。复合式动作不仅功能性较高，而且非常耗体力，会比一般运动燃烧更多卡路里。

11.3 让身体变成燃烧卡路里的机器

你不必花好几个小时以度日如年的心情待在跑步机或椭圆训练机上。

计算你的安全心跳区间

在计算人体对各种不同训练区间的目标心跳率时，我们偏好采用卡蒙纳（Karvonen）法，因为它比其他方法更为精确。一般常用的公式是以220减去你的年龄当做最大心跳率，然后再以这个数字计算各个心跳安全区间的数字，不过这个公式并未将安静心跳率列入考量。

以下方法可让各位获得较精确的数字，让你知道某个运动要做到什么程度，才能获得最佳功效。

步骤 1：找出你的安静心跳率。 早上醒来 15 分钟后，先不要下床，压着你手腕的脉搏计算 10 秒，把跳了几下的数字乘以 6，就是你的安静心跳率了。你也可用两根手指压着下颚下方的颈部气管，也可测得脉搏。

连续测量 3 天，把 3 天的数字加起来再除以 3，即可算出你的平均安静心跳率。例如：（76 + 72 + 74）÷ 3 = 222 ÷ 3 = 74 = 平均安静心跳率。记得要在身体恢复元气的那一天之后再测量脉搏，如果前一天你才做了激烈运动，测出来的安静心跳率可能不准。

其实，做做时间短、强度高的训练，比你花 30～60 分钟用中等步调做一般的运动更能刺激身体功能且运动效率更高。

以间歇训练为例，可以将运动强度与恢复时间结合起来，并搭配不同运动内容，以训练你的肌力。例如第一种计划施展个人最大能力的 80%～85%（如何计算个人最大能力，请参照专栏"计算你的安全心跳区间"），运动时间 3～10 分钟；第二种则是将施展力提高到最大能力的 95%，但运动时间缩短至 15 秒～1 分钟。交替练习这两种计划。间歇训练一般需进行 20～30 分钟。

高强度间歇训练是一种无氧运动（anaerobic），身体会将储存在肌肉中的肝糖当做燃料，这个过程不但会产生乳酸，你还会欠下一份氧债（编

步骤 2：找出你的最大心跳率。 用 220 减去年龄即可算出你的最大心跳率，假设你今年 30 岁：220－30 = 190 = 最大心跳率。

步骤 3：算出你的心率储备。 用最大心跳率减去安静心跳率即可算出，例如：190－74 = 116 = 心率储备。

步骤 4：计算你的心跳安全区间。 一项标准的心肺适能运动，其心跳安全区间大约介于最大能力的 60%～80%，如果你想计算某项运动的心跳安全区间低值，就将你的心率储备乘以 0.6，再加上你的安静心跳率就是答案。如果你想计算某项运动的心跳安全区间高值，就将你的心率储备乘以 0.8，再加上你的安静心跳率就是答案。例如：

116×0.6＋74 = 143.6 = 心跳安全区间低值；

116×0.8＋74 = 166.8 = 心跳安全区间高值。

当你在做间歇训练时，为了将运动量提高到能够施展出 90% 最大能力的标准，就需要提高心跳率了。例如：116×0.9＋74 = 178.4 = 施展出 90% 最大能力的目标心跳率。

者按：指运动时，氧气的消耗和供应无法完全配合的现象），幸好身体在复原的过程中，会将肌肉中的乳酸排出以恢复元气。间歇训练会促进新的毛细血管生成，加快氧气输送到肌肉以及排出肌肉内老废物质的过程。身体能够输送愈多氧气到肌肉，并且愈快排出乳酸，身体的心肺功能就愈好。

以间歇训练的方式将高强度运动融入到一般的健身动作中，能够产生更高的续燃效果（afterburn，剧烈运动后的48小时内持续燃烧掉的卡路里要比非剧烈运动后48小时多好几倍），燃烧掉更多的卡路里。间歇训练会将你的身体变成一具燃烧卡路里的机器，更棒的是高心跳率会产生内啡肽，让你一整天都觉得很愉快。

建议你避开所谓的垃圾步调（中等强度），只在高低两个强度间转换，一直维持在单一无变化的中等步调，不仅会让你感到无聊，甚至会产生反效果。垃圾步调无法使心跳率提升到很高，却仍旧需要时间复原，但因为你做起来并不十分费力，所以误以为不需要复原时间，结果导致训练过度而疲惫不堪。而且当你每天都以相同的步调练习一段时间（约6~8周）后，身体的有氧能力就不再提升，卡路里的燃烧也会变少，既然如此，何不一开始就进行间歇训练。

不过有一些人刚好相反，他们没办法放轻松，总是拼了老命全力练习，如果他们愿意放慢脚步，给自己一点时间复原，他们会对自己的惊人表现惊喜不已。

11.4 这些运动，让你变身火力超强燃脂机

你可以依照自己的能力在任何地方做间歇训练，建议你先从简单的低强度运动开始，然后转换成高强度的激烈运动，从走路变成慢跑或是从慢跑变成快跑。刚开始你可以在你家附近找个小坡道，先用最快的速度走路，然后放慢速度走，如此持续20分钟，就完成了一次很棒的间歇训练。

如果你是在跑步机或椭圆训练机上进行间歇训练，你可以先做 2 分钟的低强度运动，接着做 30 秒的高强度运动。以这样的搭配重复数次，你会发现，间歇训练具有事半功倍的燃脂效果，可以让你投资的运动时间产生更显著的效益。如果你想明确知道间歇运动的成效，不妨买个心率表，确认自己是否达到目标心跳率。

以下提供一些能够强化心肺功能的间歇运动，供你选择。

如何利用椭圆训练机？

多数人在使用椭圆机也就是滑步机时，都是从脚趾施力，由股四头肌负责大部分的工作，但正确的方法应该是把重量放在两膝，上身保持直挺，由大腿后侧肌肉与臀肌负责驱动动作，两手则轻轻握住把手，避免身体靠在机器上。

先这样做热身：

1. 每一套椭圆机运动课表，一开始都应先做 3 ~ 5 分钟的低阻力轻松快走，然后慢慢加快每分钟的步伐速度。
2. 接着做 30 秒冲刺加 30 秒恢复，一共重复 3 次。注意每一次冲刺速度都要比前一次快一点。
3. 在开始间歇训练前，可先放松 1 ~ 2 分钟。

第 1 套　阻力加强训练计划：

1. 快走时间 1 分钟，恢复时间 1 分钟，中等难度的阻力，发挥 80% ~ 85% 的最大能力，此为一组动作设定，共重复 4 组。每完成一组，动作频率应略加快一些。
2. 快走时间 30 秒，恢复时间 1 分钟，稍微加大阻力，发挥 85% ~ 90% 的最大能力，此为一组动作设定，共重复 4 组。每完成一组，动作频率应加快一些。
3. 快走时间 15 秒，恢复时间 45 秒，继续提高阻力，发挥

90%～95%的最大能力，此为一组动作设定，共重复4组。要做到感觉吃力的程度为止。

第2套　难易交替训练计划：

1. 做一组2分钟的间歇运动：先做1分钟的高阻力上坡（如果机器有这项功能的话），然后做1分钟的低阻力快走。
2. 恢复时间1分钟。
3. 再重复步骤1的设定做5组。

第3套　难度渐增训练计划：

1. 以轻度至中度的阻力和速度开始。
2. 每做满1分钟便将阻力向上升一级，但速度保持不变。
3. 继续升高阻力，直到你再也无力达到更高的速度为止。如果你能撑过5分钟，表示一开始的阻力级数太低了；如果撑不了3分钟，表示一开始的阻力级数太高了。
4. 每间隔4～5分钟，就应该有1～2分钟的恢复时间。

第4套　定时测距训练计划：

发挥你最大能力的80%～90%，走15分钟，然后记下总共走了多长的距离，并记录下体力较好时所走的距离。

第5套　混合步调训练计划：

1. 以稳定的节奏运动4分钟，发挥80%～85%的最大能力。
2. 休息1分钟。
3. 运动时间15秒，恢复时间45秒，发挥95%的最大能力，此为一组动作设定，共重复4组。
4. 以上两种配速，共做2个回合。

如何利用健身脚踏车？

用健身脚踏车进行间歇训练，对于大多数人而言并不是最佳选择，因为这会养成驼背和头部前倾的毛病，所以请大家切记：健身脚踏车绝对不要连续踩好几个钟头，应搭配进行其他形式的心肺训练。

在做健身脚踏车运动时，记得脊椎务必保持直挺，身体由臀部向前弯。先检查座椅是否处于适合你的高度，检查方法是：坐到健身车上，脚跟置于踏板上，然后向后踩踏，当踏板处于回转的最低处时，你的膝盖应该呈微弯状态。踩踏时臀部应保持不动，记住要用脚跟而非脚掌踩踏板，这样才能启动你的身体后方肌肉群。

先这样做热身：

1. 每套动作都从 5 分钟的低阻力、高踩速节奏开始。
2. 做 3～4 次的 30 秒高踩速（每分钟转速 90～100）冲刺，且阻力提升至中级。
3. 在开始间歇训练前放松 1～2 分钟。

第 1 套　平地／上坡训练计划：

1. 运动时间 1 分钟，恢复时间 1 分钟，高阻力让你略感吃力，此为一组动作设定，共重复 8 组。每完成一组，动作频率应加快一些。
2. 奇数组以中等阻力、高踩速（每分钟转速 90 以上）做平地练习；偶数组以高阻力、低踩速做上坡练习。

第 2 套　混合步调训练计划：

1. 以 1 分钟不觉得吃力的速度与 1 分钟具有挑战性的速度轮番练习，持续练习 16 分钟。
2. 这样安排的重点在于不必休息即可转换速度。

第 3 套　半英里加速训练计划：

1. 以最大能力的 80%～90% 骑半英里（约 0.8 千米），然后休息 1 分钟。
2. 每一组间隔都要比上一组再快一些，所以开始的速度别太快。
3. 连续骑 16～20 分钟，重复次数愈多愈好。

第 4 套　强度递增训练计划：

整个练习时间是 20 分钟，运动时间愈短，强度需愈高。

1. 5 分钟吃力运动，恢复时间 2 分钟。
2. 4 分钟吃力运动，恢复时间 2 分钟。
3. 3 分钟吃力运动，恢复时间 1 分钟。
4. 2 分钟吃力运动，恢复时间 1 分钟。
5. 1 分钟吃力运动，休息时间 1 分钟。

第 5 套　定时测距训练计划：

发挥你最大能力的 90%～95% 骑 15 分钟，然后记下总共骑了多长的距离，并记录体力较好时所骑的距离。

如何利用跑步机？

按照个人的体适能状况，在跑步机上选择用走路、慢跑或快跑的模式进行练习。

先这样做热身：

1. 每套运动都从轻松跑 5 分钟开始。
2. 做 3 或 4 次的 30 秒加速跑，以便为接下来较吃力的运动做准备，每一次的加速跑都要比前一次快一点。
3. 在开始间歇训练前，可放松 1～2 分钟。

第 1 套　上坡练习训练计划：

1. 上坡运动时间 1 分钟（倾斜坡度 6%~7%），恢复时间 1 分钟，发挥 80%~85% 的最大能力，此为一组动作设定，共重复 5 组。
2. 上坡运动时间 30 秒（倾斜坡度 6%~7%），恢复时间 1 分钟，发挥 85%~90% 的最大能力，此为一组动作设定，共重复 5 组。

第 2 套　间隔递减训练计划：

训练目标是缩短运动时间，但速度要稍稍加快。

1. 运动时间 90 秒，恢复时间 1 分钟，发挥 80%~85% 的最大能力，此为一组动作设定，共重复 2 组。
2. 运动时间 75 秒，恢复时间 1 分钟，发挥 80%~85% 的最大能力，此为一组动作设定，共重复 2 组。
3. 运动时间 60 秒，恢复时间 1 分钟，发挥 85%~90% 的最大能力，此为一组动作设定，共重复 2 组。
4. 运动时间 45 秒，恢复时间 1 分钟，发挥 85%~90% 的最大能力，此为一组动作设定，共重复 2 组。
5. 运动时间 30 秒，恢复时间 1 分钟，发挥 85%~90% 的最大能力，此为一组动作设定，共重复 2 组。

第 3 套　变换跑速训练计划：

1. 以最大能力的 75%~80% 跑 3 分钟。
2. 以最大能力的 90%~95% 跑 30 秒，重复 3 次，每两次中间休息 1 分钟。
3. 恢复时间 1.5~2 分钟。
4. 总共重复做 3 个回合。

第 4 套　上坡/平地训练计划：

1. 上坡运动时间 1 分钟（倾斜坡度 5%~7%），发挥 80%~85%

的最大能力。

2. 平地运动时间 1 分钟，发挥 80%～85% 的最大能力。

3. 恢复时间 1～1.5 分钟，总共重复 6～8 个回合。

第 5 套　定时测距训练计划：

发挥你最大能力的 80%～85% 走路或跑步 15 分钟，记下总共走或跑了多长距离，然后拿来与体力较好时的走路或跑步距离做比较。

如何利用划船机？

划船机运动的移动方式正好跟我们大多数人一整天所处的状态相反，所以它能够帮助形成良好姿势，强化核心基础运动。当你在做划船机运动时，记得背部要挺直，并由髋关节担任用力的支点。大多数人都不知道划船动作其实七成力量来自于腿部，例如拉桨动作是下肢蹬腿快要完成时和手臂一起完成的；而回桨的动作则是恢复期，在这个阶段手臂呈放松伸直状态，腿部缓缓屈膝。

先这样做热身：

1. 用划船机所做的每一套间歇训练，都先从 3～5 分钟的轻松强度开始，记住动作一定要到位。

2. 做数次 20～30 秒的冲刺，提高心跳率，并做好展开更高强度动作的准备。

3. 在开始间歇训练前，可放松 1～2 分钟。

第 1 套　间隔递减训练计划：

运动时间逐渐缩短，速度则逐渐加快。

1. 练习距离 1000 米，恢复时间 1 分钟，发挥 80%～85% 的最大能力，做一次就好。

2. 练习距离 500 米，恢复时间 1 分钟，发挥 80%～85% 的最大能力，此为一组动作设定，重复 2 组。

3. 练习距离 250 米，恢复时间 1 分钟，发挥 80%～85% 的最大能力，此为一组动作设定，重复 3 组。

第 2 套　肌力训练计划：

1. 以最大能力的 85%～90%，划 250 米的距离，共 4 趟。
2. 以最大能力的 90%～95%，划 100 米的距离，共 5 趟，恢复时间 1 分钟。

第 3 套　速度训练计划：

以最大能力的 85%，划 1000 米的距离，共 3～5 趟，恢复时间 1.5 分钟。拉桨的幅度要大，且技术要完美。

第 4 套　门槛训练计划：

以最大能力的 80%～85%，划 250 米的距离，共 6～10 趟，恢复时间 30 秒，每一趟练习的强度都要达到令练习者感到吃力的程度。

第 5 套　定时测距训练计划：

以最大能力的 80%～85%，划一趟 2000 米的距离，并记下你在体力较好时能划多长的距离。

11.5　变换才是王道

人体是一具了不起的机器，天生就懂得保护自己与保存能量，所以如果你一直重复相同的运动，你的身体就会适应该项运动的需求，代谢率就不会像刚开始那么高，结果就是花了同样力气，但燃烧的卡路里却变少了。

彼得这辈子跑步的千米数多到难以估算，但是他燃烧的卡路里，恐怕跟刚开始慢跑的人差不多。

类似的情况也会发生在节食减重上，如果你只是减少卡路里的摄取量，你的身体就会自动进入饥饿模式，代谢率变慢，只为了让仅有的卡路里发挥最大的功效。

我们要告诉各位的是：变换才是王道。例如第一天划船，隔天就改骑健身脚踏车，或是在跑步机上锻炼、到户外跑步、打拳、跳绳、投掷实心健身球，重点就是请你尽量尝试新的运动。千万不要每天到健身房使用相同的机器、以相同的步调、花相同的时间做相同的运动。你必须用身体无法预期的方式锻炼才能训练心肺功能，并且大量燃烧卡路里和脂肪。

换句话说，就是让身体搞不清楚运动项目，才能维持高代谢率。

变换运动效益高

千万不要一直做同一套运动，每个人都不希望白费工夫，经常变换运动才能让你花的力气产生最大效率。

以下运动都能使你的心跳率与代谢率加快，例如：

- 有氧舞蹈
- 跳绳
- 游泳
- 篮球
- 有氧拳击
- 网球
- 骑自行车
- 划船机
- 跑步机
- 环状运动
- 足球
- 极限攀岩机
- 越野滑雪
- 飞轮
- 健走
- 椭圆机
- 壁球
- 水中有氧
- 直排轮
- 踏步机
- 瑜伽
- 慢跑
- 冲浪

每天都做一模一样的运动，身体会变得太过安逸，而这绝非你想要的，唯有变换不同的运动才可以让你觉得不无聊，而且还能提高你的新陈代谢基准线。

后记　正确运动改变人生

再次提醒大家：务必将核心基础运动与正确的动作模式，应用在所有的体能活动上，因为为期6周的核心基础运动只是打下基础的入门训练，等你的体能状况强大了以后，就应该开始提高训练的强度。

现在你已经重新找回自由运动的能力，而且全身充满了力量，我相信没有人会想要回到从前久坐不动的生活状态了，因为你已经确实体会到了正确的动作模式带来的诸多好处。

核心基础运动，带领许多人见识到人生最美好的风景

当你感觉身体状况棒极了，就会想要维持这样的感觉，并且为了保持身体健康，持续做该做的事情。但这并不表示你得疯狂运动，因为只有让身体获得应有的休息与恢复，才能真正享受无毒无痛的生活。核心基础运动让你的身体恢复平衡，连带也让你的心灵达到平衡的状态。

当你的身体不再受到疼痛的干扰，想做什么事都可以，人生的优先级也会变得更明确，那就是只做有益身心的事。

我们对于背痛的态度是很实在的，绝不会天花乱坠地承诺你以后永远不会再复发，因为生活中的种种压力、肌肉过度伸展、长时间的空中飞行、不当的睡姿以及其他种种因素都有可能使背痛问题恶化。不过学会核心基础运动后，身体后方肌肉群被启动，背部也能保持适当的伸展，等于拥有了处理任何疼痛的工具。

我们相信你学习核心基础运动的经验一定能让周围的亲友也获得启发，我们希望你能跟我们的学员一样，将你们的训练经验跟周围亲友分享，让更多人知道这套简单的运动就能够改变他们的人生。请大家善待自己的身体，它一定能发挥最完善的功能。

出版后记　改变你一生的神奇运动

长期以来，久坐不动的生活形态彻底地改变了我们的生活，也彻底地改变了当代人的身体健康状况。人体原本的设计是以臀部作为动作中心支点的，但久坐不动却把这份工作转移到腰椎，限制了我们的动作，造成了今天有那么多人遭受背痛的困扰。目前我国腰椎疾病患者已突破两亿，发病率仅次于感冒。腰椎疾病也明显呈年轻化态势发展，20岁到40岁之间的年轻人因腰椎间盘突出而就医的现象越来越普遍，尤以每日坐在电脑前一动也不动的白领人群为甚。现在，风靡全美的核心基础运动来到中国了，您再也不用为腰背酸痛而烦恼痛苦了。

核心基础运动是由脊骨神经医师埃里克·古德曼和世界顶尖运动员的体适能教练彼得·帕克联手开发的一种新的方法，不但能改善背痛，还有其他更惊人的效果。这是一个简单但独创的概念，它重新定义了身体的核心，教大家用人体天生设定好的方式，也就是原始的动作模式做动作，把锻炼重点从腹部转移到背部较大的肌肉群，通过强化身体后方肌肉群，包括背部、臀部以及大腿后侧的肌肉群，由它们担负起支撑上半身的任务，并推动身体做任何动作，一口气解决了长期存在的问题。

这套训练计划已在数百名学员身上展现出惊人效果，令他们脱胎换骨，同时吸引了诸多顶尖运动员和好莱坞演员登门求教，并将该项运动视为"改变自己一生的神奇运动"。就连奥斯卡影帝、电影《星际穿越》的男主角马修·麦康纳也对核心基础运动赞不绝口："我原本以为我的下背部永远不会好了，但核心基础运动扭转了这个负面想法，我现在感觉自己的身体既强壮又灵活，姿态也比以往任何一个时候还要好，我相信核心基础运动对各位也会有好处。"作为这本书的编辑，核心基础运动也给我和我的家人带来了意想不到的改变。自从我们全家开始练习核心基础运动，困扰我先生许久的腰椎间盘突出居然神奇般地得到改善，而这仅仅用了一周的时间；而我的身体经常出现的酸痛现象也一扫而光，浑身上下充满活力，仿佛年轻了 10 岁。

该运动包含 3 套各为期两周的体能训练：舒缓急性背痛的基本招式、消除慢性背痛的进阶招式和强化身体并预防背痛复发的加强版招式，每个版本都简单易行，能够打造层层强健肌肉、强化臀部支撑力。你只要用两周时间，每周 3 天，每次 15 分钟，熟练 5 个基本招式，就可以重新开启颈、背、臀的肌肉群，远离酸痛。

一旦你真正开始练习核心基础运动，你将真切地感受到这套运动带给你的好处。这不仅是一套运动，更是一种健康平衡的生活形态，它改变的不仅是你这个人，更是你的生活全部！

核心基础运动——改变你一生的神奇运动！

服务热线：133-6631-2326　188-1142-1266

服务信箱：reader@hinabook.com

后浪出版公司

2015 年 5 月

图书在版编目（CIP）数据

核心基础运动：顶级运动教练写给每个人的身体改造计划 / （美）古德曼，（美）帕克著；阎惠群译 . -- 北京：北京联合出版公司，2015.6（2024.5 重印）

ISBN 978-7-5502-5259-2

Ⅰ . ①核… Ⅱ . ①古… ②帕… ③阎… Ⅲ . ①健身运动—基本知识 Ⅳ . ① G883

中国版本图书馆 CIP 数据核字 (2015) 第 091590 号

Foundation:redefine your core,conquer back pain,and move with confidence
© 2011 by Eric Goodman and Peter Park
Simplified Chinese edition copyright:
© 2015 Ginkgo (Beijing) Book Co., Ltd.
本书中文简体版权归属于银杏树下（北京）图书有限责任公司

核心基础运动：
顶级运动教练写给每个人的身体改造计划

著　　者：［美］埃里克·古德曼　　［美］彼得·帕克
译　　者：阎惠群
出 品 人：赵红仕
选题策划：后浪出版公司
出版统筹：吴兴元
特约编辑：范晓丽
责任编辑：宋延涛　徐秀琴
封面设计：刘永坤
营销推广：ONEBOOK
装帧制造：墨白空间

北京联合出版公司出版
（北京市西城区德外大街 83 号楼 9 层　100088）
天津雅图印刷有限公司印刷　新华书店经销
字数 170 千字　720 毫米 ×1030 毫米　1/16　14.5 印张　插页 2
2015 年 6 月第 1 版　2024 年 5 月第 14 次印刷
ISBN 978-7-5502-5259-2
定价：58.00 元

后浪出版咨询(北京)有限责任公司　版权所有，侵权必究
投诉信箱：editor@hinabook.com　　fawu@hinabook.com
未经书面许可，不得以任何方式转载、复制、翻印本书部分或全部内容
本书若有印、装质量问题，请与本公司联系调换，电话：010-64072833

瑜伽 3D 解剖书 I——肌肉篇

著　　者：（美）瑞隆
绘 图 者：（美）克里斯·麦西尔
译　　者：赖孟怡
书　　号：978-7-5502-3308-9
出版时间：2014.11
定　　价：68.00 元

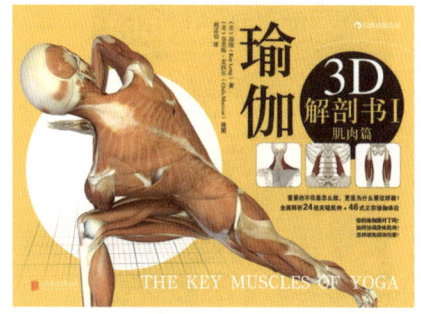

全面认识肌肉结构，巧妙避免运动伤害
精准实用的 3D 身体地图，X 光透视般完美呈现肌肉与瑜伽动作的关系，
帮你在不拉伤肌肉的前提下，快速提升瑜伽技能！

探秘神奇的瑜伽呼吸法，唤醒沉睡的身体潜能
科学的瑜伽呼吸技巧，帮你深度开发呼吸的本能，
让你的身体由内而外，焕然一新！

聆听业界专家的科学建议，跟盲目的瑜伽练习 say goodbye
练习瑜伽 20 年的外科医师与数位专业瑜伽插画家携手，
为你提供科学高效的瑜伽指导，让你的瑜伽练习事半功倍

瑜伽 3D 解剖书 II——动作篇

著　　者：（美）瑞隆
绘 图 者：（美）克里斯·麦西尔
译　　者：赖孟怡
书　　号：978-7-5502-3345-4
出版时间：2014.11
定　　价：68.00 元

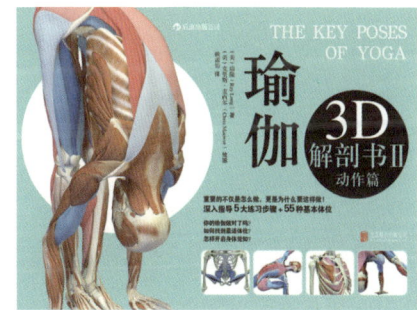

唤醒身体觉知，让大脑记住最佳体位
解构 55 种哈达瑜伽基本体位，深入了解各种姿势背后的功用。
帮你找到最适合自己的体位，获得唤醒身体觉知的钥匙！

聚焦动作细节，揭示肌肉伸展的原理
精准的 3D 透视图，帮你清楚了解动作背后的生物力学机制。
让你不断强化肌肉，高效升级瑜伽技巧！

突破瑜伽瓶颈，让身体心灵共同成长
颠覆传统瑜伽观念，实现从知识性认知到大脑主动思维的转变。
让你重新探索身体，领悟瑜伽运动的精髓！

德式无器械健身——你的身体就是最好的健身房

著　　者：（德）英格·弗洛伯斯
译　　者：王瑜蔚
书　　号：978-7-5502-5127-4
出版时间：2015.6
定　　价：49.8元

德国最畅销的肌肉训练手册
世界顶级运动专家精准定制，引爆你的运动神经！
像艺术大师般设计你的体型，雕塑你的肌肉！

想拥有"精瘦强健"的完美身材？本书正是你所需要的！
来自德国科隆体育学院健康中心的最科学肌肉训练计划

无需花高价去健身房或购买器材，利用自身体重系统健身
· 8 种俯卧撑替代练习，20 组腹部肌肉运动，30 个减肥单元
· 每周 3 到 4 次，每次 20 到 30 分钟，随时随地进行身体管理

国际体坛重量级健康科学顾问，专业破解肌肉运动奥秘
· 学会充分激活肌肉细胞，健身再也不用靠蛮力
· 有效利用"新陈代谢"，将肌肉变成理想的减肥发动机

细致的个性化训练方案，轻松成为自己的健身教练
· 100 多种身体分区训练，精准刺激全身 640 块肌肉
· 4 级训练单元，8 周健身计划，一步步设计肌肉造型

内容简介：

　　想要拥有健美的身材，不需要用高科技的运动器材，最有效的运动工具是我们的身体！本书展示了在家、办公室、路上随时随地都能进行的健身方法，读者可参考不同的运动方案，提高自己的协调性和肌肉力量，通过不断的练习收获健康好身材。根据不同读者的需求，作者分别设计了适合初学者、有经验的训练者和专业运动员的 100 多个练习，练习涉及所有人体肌肉群。在"肌肉训练"与"周期瘦身"的练习单元中，还在相应的段落后补充了有关肌肉和身体健康的小知识。

作者简介：

　　英格·弗洛伯斯博士，世界上最大的体育大学——德国科隆体育大学的预防与康复学教授，是德国首屈一指的体育及健身专家。重点研究健康科学，是科隆体育大学健康中心的领导者，也是多个德国医疗保险机构的科学顾问，在国际体育界享有盛誉，著有《超级新陈代谢原则》《救急背部训练》等著作。